FACULTE DE DROIT DE PARIS

DE

L'INFLUENCE DE LA FORTUNE

SUR LA CAPACITÉ POLITIQUE

THÈSE POUR LE DOCTORAT

PRÉSENTÉE ET SOUTENUE

le Lundi 17 *décembre* 1900 *à* 1 *heure*

Par

M. Albert LHEURE

Président : M. CHAVEGRIN, *professeur.*
Assesseurs : MM. LARNAUDE et LESEUR, *professeurs.*

Le candidat répondra, en outre, aux questions qui lui seront posées sur les autres matières de l'enseignement.

PARIS
L. BOYER
IMPRIMEUR-ÉDITEUR
15, rue Racine, 15

1900

THÈSE

POUR

LE DOCTORAT

La Faculté n'entend donner aucune approbation ni improbation aux opinions émises dans les thèses; ces opinions doivent être considérées comme propres à leurs auteurs.

FACULTE DE DROIT DE PARIS

DE

L'INFLUENCE DE LA FORTUNE

SUR LA CAPACITÉ POLITIQUE

THÈSE POUR LE DOCTORAT

PRÉSENTÉE ET SOUTENUE

le Lundi 17 décembre 1900 à 1 heure

Par

M. Albert LHEURE

Président : M. CHAVEGRIN. *professeur*.
Assesseurs : MM. LARNAUDE et LESEUR, *professeurs*.

Le candidat répondra, en outre, aux questions qui lui seront posées sur les autres matières de l'enseignement.

PARIS
L. BOYER
IMPRIMEUR-ÉDITEUR
15, rue Racine, 15

1900

A MES PARENTS

A MES FRÈRES ET SŒURS

INTRODUCTION

La possession d'une certaine fortune constatée par le paiement de l'impôt fut longtemps considérée en France comme la condition indispensable de l'exercice des droits politiques et la quotité d'impôt exigée des citoyens pour jouir de l'électorat ou de l'éligibilité était désignée sous le nom de « cens ». Nous ne sommes pas arrivés à la suppression du cens, c'est-à-dire au suffrage universel après des étapes régulières, par suite d'une évolution méthodique, mais par à-coups brusques : c'est cette suite d'actions et de réactions dans la genèse de notre droit électoral, si étroitement uni à toute notre histoire politique, que nous voudrions retracer.

Notre étude se divise en deux parties : La première comprend la période révolutionnaire pendant laquelle le cens électoral, d'une conception relativement démocratique, est regardé comme le signe d'une participation aux charges publiques et ne tend à éliminer que les indigents. Outre les théories de l'électorat édifiées pour justifier ou combattre le régime censitaire, nous chercherons à préciser l'influence des précédents en France et à l'étranger.

La deuxième partie s'étend de 1814 à 1848. Avec la Restauration, le cens revêt un caractère aristocratique, il tend à assurer à une classe privilégiée la prépondérance politique ; on l'exige comme une présomption de capacité et comme une garantie de l'esprit conservateur, c'est-à-dire de l'attachement aux institutions existantes.

La conciliation entre la Révolution et la Monarchie poursuivie dans le domaine social échoua sur le terrain politique par l'intransigeance des partis qui cherchèrent dans l'élection une arme de combat bien plus qu'un moyen d'apaisement. Le cens admis par la Charte de 1814 devint alors pour la classe moyenne, puis pour les grands propriétaires fonciers, un commode instrument de règne et sa quotité seule fut mise en discussion au sein du Parlement.

Cette deuxième partie est divisée en quatre chapitres: Le premier est consacré à l'étude de la loi de 1817 qui est une loyale application de la Charte en réponse aux provocations contre-révolutionnaires de la Chambre introuvable.

La loi de 1820, dite du double vote, qui consacre le retour des ultras au pouvoir et leur assure la suprématie dans l'Etat, formera l'objet du deuxième chapitre.

Dans le troisième, nous examinerons comment se pratiquaient les élections entre 1817 et 1830 et quels étaient les rapports des élus avec le gouvernement.

Le quatrième et dernier chapitre servira à étudier les principales dispositions de la loi de 1831. Nous noterons brièvement les tentatives faites pour en élargir la base, la résistance que celles-ci rencontrèrent au Parlement et qui aboutit à la crise de 1848 d'où sortit le suffrage universel, source actuelle de notre organisation politique.

PREMIÈRE PARTIE

La Révolution. — Cens démocratique.

CHAPITRE PREMIER

Les théories du suffrage.

SECTION I. — *Les théories du XVIIIe siècle.*

A travers le XVIIIe siècle circule un courant de doctrines qui aboutit à la Révolution politique de 1789 : contre la théorie de l'absolutisme royal, les philosophes, de Montesquieu à J.-J. Rousseau, soutiennent la participation des citoyens aux affaires publiques, soit directement, soit par l'élection d'assemblées représentatives.

Montesquieu montre pour la constitution anglaise une préférence marquée : il expose les heureux effets d'un régime où le principe de l'élection politique maintient entre les différents pouvoirs un équilibre nécessaire. Non toutefois qu'il veuille mettre à la base de l'élection l'égalité absolue de tous les membres de l'État ; il faut que la part des citoyens au gouvernement soit en rapport avec les avantages que leur confèrent la naissance, les richesses ou les honneurs (1). Mais malgré son faible pour une constitution aristocratique établie sur le modèle de l'Angleterre, l'auteur de l'*Esprit des Lois* n'en désire pas moins associer la nation presque entière au pouvoir : « La meilleure aristocratie est celle où la partie du peuple qui n'a point de part à la puissance est si petite et si pauvre que la partie dominante n'a aucnn intérêt à l'opprimer ». S'il admet le régime censitaire, c'est à la condition que celui-ci n'exclue qu'un nombre assez restreint de citoyens et « personne qui ait quelque considération dans la cité » (2). Sa pensée est exprimée avec plus de précision encore quand il pose en principe que « tous les citoyens doivent avoir droit de donner leur voix pour choisir le représentant, *excepté ceux qui sont dans un tel état de bassesse, qu'ils sont réputés n'avoir point de volonté propre* » (3). N'écarter des assemblées électorales que la classe des indigents relativement peu nombreuse et surtout ne pas faire du vote un privilège exclusivement réservé à une caste de riches, c'est l'idée qui a aussi inspiré et dirigé dans une large mesure l'Assemblée Constituante.

Plus résolument et plus complètement opposé aux doctrines du passé, Jean-Jacques Rousseau cherche à établir dans le *Contrat social* le principe d'une égalité absolue

s. Livre XI. Ch. VI.
is. Livre II. Ch. III.
is. Livre XI. Ch. VI.

entre tous les individus dont se compose la société politique. Nul ne doit être exclu de l'exercice de la souveraineté, nul ne doit rester étranger à la confection de la loi puisque la loi n'est que l'expression de la volonté générale. L'influence du *Contrat social* apparaît, à côté de celle de *l'Esprit des Lois* dans l'œuvre des législateurs de la Révolution (1). Si bien souvent ils n'ont réussi qu'à reproduire les formules d'une théorie exagérée et inapplicable, ils se sont du moins efforcés de lui donner une réalité. Mais par un contraste déjà remarqué des contemporains (2), quand Rousseau quitte le domaine de l'abstraction pure pour juger les Constitutions en vigueur, c'est pour la République de Genève qu'il témoigne d'une estime singulière : et cependant, l'influence politique y appartient « à l'ordre moyen entre les riches et les pauvres », c'est-à-dire à une classe qui est la « partie la plus saine de la République, la seule qu'on soit assuré ne pouvoir dans sa conduite, se proposer d'autre objet que le bien de tous » (3). Cette contradiction ne fit pourtant pas tort au prestige de Rousseau, l'apôtre de la Démocratie égali-

1. « Depuis quarante ans, cent mille Français s'entretiennent avec Locke, avec Rousseau, avec Montesquieu. Chaque jour ils reçoivent d'eux de grandes leçons sur les droits et les devoirs de l'homme vivant en société ; le moment de les mettre en pratique est arrivé ». Rœderer (cité par Bardoux : *La bourgeoisie française*, p. 25).

2. Cf. Clermont-Tonnerre : Réflexions sur la Constitution de 1791. « La différence entre le principe abstrait et son application est un obstacle insurmontable. Voyez Rousseau. Par suite toute déclaration des droits est incomplète ou dangereuse. »

3. Lettres de la Montagne : Lettre VI.

taire : le guide politique des hommes de la Révolution, le livre où l'on retrouve la source de leurs pensées fécondes ou de leurs chimères, c'est le Contrat social.

Les Physiocrates ne mettaient pas expressément à leur programme les revendications politiques ; ils attendaient la réalisation des réformes du « despotisme éclairé » d'un prince bien plus que des assemblées représentatives, appelées « contre-forces ou contre-poids ». Néanmoins leur doctrine économique conduisait à de graves conséquences politiques : c'est aux intéressés que reviennent le vote et la répartition de l'impôt ; mais la terre seule est productive de richesses, seule elle rend plus qu'on ne lui a donné, tandis que les autres industries sont « stériles » et ne font que transformer, sans les augmenter, les produits qu'elles livrent à la consommation. Ainsi les biens fonciers doivent seuls être frappés de l'impôt et les propriétaires du sol qui jouissent d'un « revenu net » seront, à l'exclusion de tous autres, appelés à consentir cet impôt. Voilà comment la théorie économique se transforme, chez les Physiocrates, en une véritable doctrine politique.

Ce système n'eut pas seulement un succès d'école ; il réussit à s'imposer dans les faits. En 1787 et en 1788 nous en trouvons un essai d'application pratique dans les réformes tentées ou réalisées pour l'administration provinciale. Reproduisant à la lettre le plan qu'avait tracé Turgot, Calonne, en particulier, avait créé pour le vote et l'assiette de l'impôt des assemblées superposées de campagnes, de districts et de provinces : Devait, selon Turgot, faire partie des assemblées paroissiales qui étaient la première assise de cette nouvelle organisation, quiconque possédait un revenu foncier d'au moins six cents livres; pour être membre des assemblées provinciales, il fallait jouir d'un revenu annuel de mille écus en fonds de terre. Ces diverses assemblées n'auraient pas d'ailleurs une compétence restreinte aux questions d'impôt. C'est d'elles que ressortirait encore l'administration locale. Il semblait donc juste qu'elles fussent composées uniquement de propriétaires, puisque les intérêts des propriétaires seuls étaient en jeu.

L'édit de juin 1787 sur les assemblées provinciales et communales, promulgué après la chute de Calonne, atténuait les principes physiocratiques de Turgot, tout en consacrant l'idée du cens. Pour faire partie des assemblées paroissiales, le paiement d'une contribution de dix livres devient suffisant et l'éligibilité est subordonnée à un cens de trente livres. D'autre part, il ne reste qu'une faible trace de l'ancienne répartition des Français en trois classes sociales. Le seigneur et le curé sont de droit membres de l'Assemblée.

A côté de Montesquieu et de Rousseau, les doctrines des Physiocrates prirent place au sein de la Constituante. Presque naturellement, les députés de 1789 transportèrent dans le domaine politique des idées afférentes à l'administration. En même temps, sur les traces de Jean-Jacques Rousseau, ils posent le principe de la souveraineté nationale. Entre ces théories en conflit va se produire une transaction d'où naîtra le système électoral de la Révolution.

Section II. — *La Révolution.*

§ 1. — L'électorat-fonction.

Pour refuser le droit de suffrage à ceux qui étaient exempts d'impôt ou ne possédaient pas une fortune déterminée, les précédents ne manquaient point aux auteurs de la constition de 1791 : 1° les Etats étrangers pourvus d'assemblées représentatives offraient un système analogue. Mais après avoir déclaré solennellement que « le principe de toute souveraineté réside essentiellement dans la nation » (1) et que « les hommes naissent libres et égaux en droits », il convenait de légitimer en théorie la restriction qu'on apportait à cette égalité primitive et cette tâche n'était pas pour déplaire aux légistes qui siégeaient en grand nombre à la Constituante ; 2° en France même, la participation des campagnes aux élections du Tiers pour les Etats généraux était réservée en fait aux habitants qui payaient la taille.

L'opinion générale est que la souveraineté émane de la nation considérée dans son ensemble, comme un corps distinct des individus qui la composent, et embrassant la suite des génération passées, présentes et futures. La nation a donc le pouvoir incontestable de déléguer l'électorat politique, attribut de cette souveraineté, à ceux qu'elle en juge dignes : « La qualité d'électeur, disait Barnave (2), n'est qu'une fonction publique à laquelle per-

1. Art. 3 de la Déclaration des Droits.

2. Barnave. Séance du 11 août 1791.

sonne n'a droit, que la société dispense ainsi que le lui prescrit son intérêt. Là où le gouvernement est représentatif, et là surtout où il existe un degré intermédiaire d'électeurs, comme c'est pour la société entière que chacun élit, la société, au nom et en faveur de qui l'on élit, a essentiellement le droit de déterminer les conditions dans lesquelles elle veut que soient fondés les choix que les individus font pour elle. La qualité d'électeur n'est pas un droit : c'est encore une fois pour tous que chacun l'exerce ; c'est pour tous que les citoyens actifs nomment les électeurs ». Thouret déclare aussi que « la qualité d'électeur est fondée sur une commission publique ». Si on envisage l'électorat politique sous l'aspect de la fonction sociale, de l'attribut souverain de la nation, on justifie par cela même toutes les mesures dont l'objet sera d'assurer ou plutôt de limiter l'exercice de cette prérogative au mieux des intérêts de la collectivité.

Tout d'abord, il conviendra de « ne pas admettre les hommes sans domicile ou d'une extrême indigence » (1). Cette motion conforme à la théorie de Montesquieu qui se ralliait au principe d'un cens très faible, fut accueillie assez favorablement par l'assemblée et par l'opinion publique.

Condorcet lui-même estime alors que si « la Constitution est fondée sur l'égalité naturelle, une taxe légère, à laquelle tous les Français seraient également assujettis, à l'exception de ceux qui demanderaient à ne pas être im-

1. Mounier. Séance du 29 septembre 1789.

posés, paraît la seule dont on puisse faire dépendre le titre de citoyen actif » (1).

Cependant Siéyès, qui inventa la distinction des Français en citoyens actifs et en citoyens passifs, avait trouvé, pour justifier cette division, des motifs dont le vague autorisait les restrictions censitaires les plus absolues à l'exercice du suffrage. Il pensait que « ceux-là seuls qui contribuent à l'établissement public, sont les vrais actionnaires de la grande entreprise sociale ».

D'autre part Barnave (2), poursuivant les conséquences logiques de sa théorie de l'électorat considéré comme une fonction publique, montrait avec précision les avantages d'un régime qui n'exclurait que les indigents : « Les citoyens, disait-il, qui, obligés immédiatement et sans cesse, par la nullité absolue de leur fortune, de travailler pour leurs besoins, ne peuvent acquérir aucune des lumières nécessaires pour faire les choix, n'ont pas un intérêt assez puissant à la conservation de l'ordre social existant (3) ». Desmeuniers, en se prononçant dans le même sens, au nom du comité de constitution, invoquait une autre raison et appréhendait surtout la corruption à laquelle pourrait se laisser entraîner les mendiants ; il exprimait cet espoir bien optimiste que la conquête des droits politiques serait une nouvelle cause d'émulation pour les artisans et que l'exclusion des pauvres ne serait que passagère.

1. Adresse sur les conditions d'éligibilité et le marc d'argent. Cf. Lacroix. *Actes de la Commune de Paris*, t. V, p. 64.

2. Barnave. Séance du 11 août 1791.

3. Desmeuniers. Séance du 22 octobre 1789.

En résumé, sous des expressions diverses, une même conception domine la majorité : puisque le choix des représentants du pays doit être exercé au mieux des intérêts généraux, il importe que la nation ne l'accorde pas à ceux que leur indigence rend indifférents aux affaires publiques. Les Constitutions de 1791 et de l'an III, en particulier, sont une expression fidèle de ce courant d'idées.

§ 2. — L'électorat-droit

En face de la théorie qui voit dans chaque électeur un mandataire de la nation, se fait jour une autre conception plus démocratique, qui dérive du Contrat social et que la Convention adopta en 1793 : le principe de la souveraineté nationale n'admet aucune restriction fondée sur l'état de la fortune.

Prenant à la lettre la formule de Rousseau déjà reproduite par la Déclaration des Droits que *la loi est l'expression de la volonté générale*, certains orateurs pensent que tous les membres de l'Etat, sans aucune exception, possèdent le droit absolu de manifester leur volonté : la volonté générale n'est-elle pas la synthèse et, pour ainsi dire, la somme arithmétique de toutes les volontés individuelles? « Tous les citoyens quels qu'ils soient, soutenait Robespierre (1), ont le droit de prétendre à tous les degrés de représentation. Rien n'est plus conforme à votre Déclaration des Droits, devant laquelle tout privilège, toute distinction, toute exception doivent disparaître.

1. Robespierre. Séance du 22 octobre 1789.

La Constitution établit que la *Souveraineté réside dans le peuple, dans tous les individus du peuple.* Chaque individu a donc le droit de concourir à la loi par laquelle il est obligé et à l'administration de la chose publique qui est la sienne. Sinon il n'est pas vrai que tous les hommes sont égaux en droits, que tout homme est citoyen »,

Pétion se ralliait à cette opinion (1) ; Condorcet, dans son rapport sur la Constitution de 1793, après avoir pesé les arguments respectifs qui peuvent soutenir les deux thèses opposées, se prononçait aussi en faveur de l'électorat-droit, et rejetait ainsi toute intervention du cens dans l'établissement des listes électorales. Il croyait que l'égalité civile devait entraîner nécessairement l'égalité politique, et il lui semblait difficile « déterminer dans la chaîne des dépendances, où commence celle qui rend un individu incapable d'exercer ses droits ». Pour faire de la richesse une condition d'exercice du droit électoral, on ne peut apporter qu'une seule raison plausible : c'est que les biens de la fortune supposent, chez ceux à qui ils sont départis, une instruction plus solide, des lumières plus étendues que dans la masse du peuple. Encore devrait-on, pour que cette supériorité se manifestât pleinement, « exiger une assez grande fortune ». Aussi concluait-il que « toutes les conditions de cette espèce,

1. Séance du 5 septembre 1789 : « Tous les individus qui composent l'association ont le droit inaliénable et sacré de concourir à la formation de la loi, et si chacun pouvait faire entendre sa volonté particulière, la réunion de toutes les volontés formerait véritablement la volonté générale... Nul ne doit être privé de ce droit sous aucun prétexte et dans aucun gouvernement ».

ou sont illusoires, ou conduisent à une véritable oligarchie ».

Lors des débats de la Constitution de l'an III, Thomas Payne (1) s'efforçait, il est vrai, de démontrer la fausseté du principe censitaire en s'appuyant sur la répercussion des impôts. Mais la théorie ordinaire, qui repoussait les restrictions fondées sur le degré de la richesse, faisait plus volontiers du suffrage un « droit naturel, absolu, indélébile, antérieur et supérieur à toute loi, échappant à toute réglementation légale (2) » et l'assimilait aux garanties individuelles les plus intimes. Elle avait, en outre, pour avantage, de flatter la vanité populaire. Aussi la logique, sinon la prudence, devait-elle, après la Déclaration des droits de l'homme, empêcher toute restriction de cens ou de capacité à ce droit imprescriptible des citoyens.

1. On a établi deux classes de taxes sans pouvoir fixer leur point de séparation. Les taxes directes retombent sur le consommateur aussi bien que les indirectes et, au fond, c'est le fermier qui paie pour le propriétaire, du fermier au meunier, puis au boulanger, et celui-ci au consommateur. » Lettre de Th. Payne à la Convention, séance du 19 Messidor, an III.

2. Ducrocq. *Cours de Droit administratif*, 7e édit., t. III, p. 9.

CHAPITRE II

Les Constitutions et les lois de la Révolution.

SECTION I. — *Le règlement du 24 janvier 1789. Les précédents en France et à l'étranger* (1).

Le règlement édicté le 24 janvier 1789 pour la convocation des Etats-Généraux forme un trait d'union entre les anciennes coutumes et la législation électorale de la Révolution; loin de rompre complètement avec les traditions du passé, il cherche surtout à codifier les règles autrefois admises et en précise quelques-unes qui seront adoptées par la Constituante.

Les États-Généraux réunis primitivement en vertu du principe féodal, pour fournir au roi « l'aide et le conseil » avaient à certaines époques critiques de notre histoire, élargi le cercle de leurs attributions, sans jamais réussir à se transformer en assemblées politiques véritables, ni exercer le pouvoir législatif. Ils étaient convoqués par le roi ou sur son ordre, pour lui consentir les subsides dont il pouvait avoir besoin. Dès le XVe siècle,

1. Cf. Esmein. *Histoire du Droit*, 2e édit., p. 492 à 509. *Droi constitutionnel*, 1e édit., p. 198 à 201.

ils sont une assemblée totalement élective qui représente, avec ses trois ordres, la nation tout entière. La circonscription choisie fut le bailliage qui, revêtu d'une sorte de personnalité morale, avait un nombre de députés fixe et invariable.

On convoqua tout d'abord au chef-lieu les habitants du bailliage, qui pouvaient tous prendre part au choix de leurs représentants. Puis la participation des campagnes aux élections du Tiers fit adopter le suffrage indirect : les électeurs du second degré étaient nommés d'un côté par les villes, de l'autre par les communautés d'habitants des campagnes. Mais on admit que tous les habitants taillables de ces communautés pouvaient voter au premier degré. C'était là un principe assurément très libéral : dans le recrutement des assemblées destinées à consentir l'impôt, la part faite au cens comme condition électorale était relativement assez faible.

En déclarant électeurs aux assemblées du premier degré tous les Français âgés de vingt-cinq ans « qui paient une contribution distincte » (1) c'est-à-dire qui sont inscrits aux rôles de la capitation, le règlement du 24 janvier 1789 ne faisait que se conformer à la coutume : dans les campagnes, la base de l'élection était constituée par les assemblées des paroisses; dans les villes, les assemblées des corporations constituaient, en général, le premier échelon du suffrage et assuraient ainsi, sous une forme plus tangible, la représentation de tous les intérêts dans le gouvernement. Comme autrefois, le vote était donc à

1. Art. 25 du règlement.

plusieurs degrés, mais aucune restriction censitaire n'entravait plus le libre choix des électeurs. La loi du 22 décembre 1789 qui, sur bien des points, reproduit assez fidèlement le règlement du 24 janvier, s'est montrée sous ce rapport plus étroite et plus rigoureuse.

Considérons les règles qui fixent le mode d'élection du clergé et de la noblesse : le suffrage est direct, mais déjà le principe du cens transparaît nettement dans les privilèges qui sont conférés aux propriétaires. Ainsi, dans les assemblées du clergé, des voix sont accordées, non-seulement aux évêques et aux prêtres réguliers, organes naturels de l'ordre ecclésiastique, mais encore aux abbés pourvus de bénéfices ; les Chapîtres et Communautés, qui, en leur qualité de personnes morales, ont des droits de propriété, choisissent également des délégués.

Si d'autre part, les nobles qui possèdent des fiefs peuvent en personne ou par procureurs (1), prendre part aux élections, la noblesse sans fiefs est soumise à de plus rigoureuses conditions de capacité ; l'âge de vingt-cinq ans et une noblesse acquise et transmissible sont nécessaires. Le principe d'une représentation distincte de la propriété, en germe dans l'élection de délégués des communautés religieuses, est poussé à ses conséquences extrêmes, le vote des femmes et le vote plural : le bailliage étant l'unité de vote, le règlement décidait que les clercs qui possédaient des bénéfices dans différents bailliages,

1. D'après les principes féodaux, la présence aux assemblées était considérée plutôt comme une obligation onéreuse, que comme un privilège honorifique.

disposeraient d'une voix dans chacun d'eux. En même temps, les femmes, filles ou veuves, qui possédaient un fief, pouvaient se faire représenter à l'assemblée des nobles. Une règle analogue se trouve encore de nos jours appliquée en Autriche.

La Constituante n'adopta que les règles formulées pour les élections du Tiers. Elle exigea bien encore des électeurs du second degré la possession d'une certaine fortune, mais après la suppression de tous les privilèges, les dispositions du règlement du 24 janvier relatives à la Noblesse et au Clergé devenaient illusoires et ne trouvèrent point place dans la Constitution.

Il y avait donc, sur ce point, une rupture des traditions françaises en matière d'élection, due à une ignorance feinte ou réelle des législateurs de 1789 : ils préféraient se conformer à l'exemple de l'Angleterre et de l'Amérique où le système de la représentation politique était complètement constitué. Or, les élections au Parlement anglais qui s'étaient d'abord faites au vote par acclamations de tous les habitants du Comté, avaient été, dès le xve siècle, étroitement réglées : pour faire partie des assemblées de vote, il fallait posséder un franc tènement procurant chaque année un revenu net de quarante shellings. Cette « franchise des quarante shellings » devint la forme naturelle de l'électorat politique.

A l'exemple de la métropole, les colonies anglaises de l'Amérique du Nord adoptèrent le principe du cens électoral sous des formes diverses : elles exigeaient de l'électeur, tantôt une propriété d'une valeur déterminée, tantôt une propriété foncière ou le paiement de certains impôts. Ce fut l'Amérique, encore plus que l'Angleterre, qui inspira les Constituants. La guerre de l'Indépendance venait de consacrer ses institutions politiques, les troupes françaises avaient puissamment contribué à ce succès et rapportaient dans leur patrie une idée nouvelle de la liberté et de la république.

Le voyage de Franklin à Paris avait bien montré naguère l'enthousiasme des Français pour le nouvel Etat d'outre-mer. Les regards des députés qui voulaient fonder chez nous la liberté politique se tournaient volontiers de ce côté (1) : les partisans des journées de travail, par exemple, trouvèrent pour leur théorie un puissant argument dans les conditions censitaires imposées par les Etats de la jeune République.

Section II. — *La période révolutionnaire.*

§ 1. — La Constituante ; la loi du 22 décembre 1789 et la Constitution du 3 septembre 1791.

La Constituante, qui s'était donné pour mission de « régénérer l'Etat », s'était mise à l'œuvre dès qu'elle avait été formée par la réunion au Tiers des deux autres ordres. Il est possible de démêler dans les motions poli-

1. C'est ce que Champion de Cicé exprimait en ces termes quelque peu emphatiques : « Nous avons concouru aux évènements qui ont rendu à l'Amérique Septentrionale sa liberté ; elle nous montre sur quels principes nous devons appuyer la conservation de la nôtre ; et c'est le nouveau Monde, où nous n'avions apporté autrefois que des fers qui nous apprend à nous garantir du malheur d'en porter nous-mêmes.

tiques qui vont émaner d'elle, l'influence de la révolution sociale qui vient de s'opérer. En fait, le Tiers-Etat va faire la Révolution à son profit et se préoccupe de ne laisse échapper aucun des bénéfices réalisés par la suppression des privilèges : c'est à ce but qu'il visera plus encore qu'à établir cette liberté qu'il va inscrire dans la Déclaration des Droits de l'homme.

Les droits féodaux que la nuit du 4 août avait supprimés, avaient d'ailleurs perdu leur rigueur du moyen-âge ; ils ne mettaient plus entre les personnes un lien de subordination et apportaient seulement une entrave aux droits de propriété, car ils avaient dégénéré souvent en une contribution financière. Ce caractère de fiscalité les laissait même parfois tomber entre les mains d'un roturier et leur principal inconvénient était de paralyser la culture.

Une fois le sol affranchi, il était de bonne politique, pour garantir les propriétaires contre une réaction possible et probable, «de créer plus de citoyens intéressés au nouvel ordre de choses » (1). C'est ce résultat qu'on cherchait, en créant des biens nationaux, par la dépossession des collectivités, et en accroissant par ce moyen, le nombre des citoyens propriétaires. En outre, la suppression des droits d'aînesse et de masculinité, du retrait lignager furent autant de mesures à double effet, qui, tout en réalisant l'égalité désirée, aidaient au morcellement de la propriété. Ainsi la Révolution, à l'ancienne division de la nation en trois classes, substituait une nouvelle organisation qui reposait sur la propriété. En même temps, elle

1. Bardoux. *La bourgeoisie française*, p. 30.

démolit l'édifice des corporations avec leurs abus, mais aussi avec l'esprit de solidarité qu'elles entretenaient entre leurs membres. L'individualisme est désormais le principe du groupement politique et social.

La loi du 22 décembre 1789 fut le premier acte de la Constituante relatif aux élections ; Thouret en était le rapporteur. Le comité de Constitution, par son intermédiaire, proposait d'exiger des citoyens actifs, c'est-à-dire de ceux qui pouvaient prendre part aux assemblées primaires de vote, outre les conditions d'âge et de nationalité, le paiement « d'une contribution directe de la valeur locale de trois journées de travail ». Cette proposition fut soutenue par Dupont de Nemours, élève des Physiocrates, qui voyait dans la propriété la base fondamentale de la Société, et par Desmeunier. Elle avait rencontré des adversaires vigoureux dans le Comte de Montlosier, l'abbé Grégoire et Robespierre, qui la jugeaient contraire à l'égalité et l'accusaient de vouloir établir une aristocratie de riches. Elle fut toutefois adoptée (1). On ne peut nier, dans cette loi qui réservait la fonction électorale à ceux qui payaient une certaine contribution estimée en journées de travail, l'influence persistante du mode de convocation des Etats-Généraux. Dans notre ancien droit public, la taille d'industrie et la capitation étaient également calculées en journées de travail (2). Les domestiques étaient écartés du

1. Art. 3 de la loi du 22 décembre 1789.

2. « La contribution directe s'entend de toute imposition foncière ou personnelle. Les vingtièmes, la capitation et l'imposition en rachat de corvée sont des contributions directes. » Instruction du 8 janvier 1790.

droit de vote, car on craignait que leur indépendance ne fût pas entière ; toutes les assemblées de la Révolution ont d'ailleurs maintenu cette exclusion. Les faillis et les débiteurs insolvables ne pouvaient non plus obtenir le titre de citoyens actifs.

La valeur des journées de travail, d'après le texte même de la loi, était « locale » et ne devait pas comporter pour toutes les parties du royaume un taux uniforme, comme le prix de la journée de travail était proportionnel à la richesse de la contrée, on avait voulu, par application de cette règle variable, établir un rapport entre les droits politiques et les salaires, et sauvegarder l'égalité proclamée pour tous.

Encore fallait-il que les autorités locales, chargées de déterminer cette valeur, ne s'en servissent pas comme d'une arme de parti, pour éloigner des assemblées bon nombre d'électeurs ou y admettre les indigents eux-mêmes, grâce à une hausse ou une baisse également factices. Charles de Lameth se plaignit un jour que le comité de Soissons eût fixé à 20 sols le salaire de la journée de travail qui, dans tout le Soissonnais, n'était que de 12 sols. La Constituante décréta alors que les conditions exigées des citoyens actifs, devaient être rendues aussi faciles que possible à remplir, et prescrivit comme valeur maxima le taux de 20 sols (1). L'unité admise désormais ne sera plus la journée d'industrie, copie de l'ancienne taille d'industrie, mais la journée de travail agricole, susceptible de variations moindres.

1. Décret du 15 janvier 1790.

En général les municipalités avaient plutôt une tendance à étendre qu'à restreindre le droit de suffrage (1). Au sein même de l'Assemblée, certains députés entretenaient un esprit assez libéral. Divers décrets postérieurs à la loi électorale du 22 décembre n'eurent d'autre objet que de créer de nouveaux citoyens actifs. La limite primitivement fixée fut très élargie, « la contribution de trois journées de travail étant désormais payée par tous ceux qui auront quelques richesses foncières ou mobilières, ou qui, réduits à leur travail journalier, exercent quelque profession qui leur procure un salaire plus fort que celui arrêté par le département pour la journée de travail, dans le territoire de leur municipalité » (2).

Lors de la discussion de la loi sur l'impôt des portes et fenêtres (23 octobre 1790), le comité de Constitution demanda que celui qui ne serait pas tenu de payer une imposition, pût néanmoins, en l'acquittant volontairement, devenir citoyen actif. Cette mesure qui devait être admise dans la Constitution de l'an III, fut repoussée par la Constituante, dans la crainte de favoriser la corruption électorale.

Robespierre s'était montré hostile à toute condition de

1. Dans ses observations et instructions du 30 mars 1790, le comité de Constitution dit « que si les municipalités peuvent évaluer les journées de travail à un prix inférieur à 20 sols, elles ne doivent pas abaisser ridiculement ce prix pour augmenter leur influence. En conséquence toute évaluation inférieure à 10 sols devra être soumise à l'Assemblée nationale. »

2. Loi du 13 janvier 1791, T. II, art. 13.

cens. Aussi essaya-t-il d'en faire voter la suppression, au moins à titre provisoire. Il alléguait que, dans certains cantons, aucune contribution directe n'était perçue, de nouveaux impôts n'ayant pas encore remplacé les anciens qui avaient été supprimés. Une satisfaction partielle lui fut accordée par la décision de l'assemblée qui portait que dans les cantons visés, les citoyens ayant satisfait à toutes les autres conditions seraient citoyens actifs et éligibles (1).

La loi du 28 février 1790 (art. 7), sur la constitution de l'armée, dispensait aussi des conditions de propriété et de contribution « tout militaire qui aura servi l'espace de seize ans, sans interruption et sans reproche ». Pour ne pas engager l'armée dans la politique, une réserve était stipulée : le militaire en garnison dans le canton même où il a son domicile ne peut exercer son droit de vote.

En fait, par suite des concessions accordées à la minorité hostile aux journées de travail, ce système électoral se rapprochait de très près du suffrage universel. Aussi l'appréciation de Chapelier sur le taux du cens électoral est-elle assez juste : « Les impôts, dit-il, étant presque tous directs et l'imposition équivalente à trois journées de travail étant si faible que dans les lieux les opulents elle s'élève à trois livres, et qu'elle est de trente sols dans les deux tiers de la France, il n'y a pas d'homme digne du nom de citoyen, il n'y a pas d'ouvrier sans talent, sans industrie, sans autre moyen que ses bras, qui ne puisse

1. Loi du 2 février 1790, art. 6.

supporter cette taxe commune et qui ne soit glorieux de la payer ». (1).

Le nombre des électeurs des assemblées primaires est évalué à 4.298.360 en 1790. Comme la population totale de la France était d'environ vingt-quatre millions d'habitants, une proportion supérieure au sixième de la nation était donc appelée au vote. Si nous considérons que, de nos jours, le nombre des électeurs inscrits est à peu près du quart, il sera aisé d'apprécier combien déjà on se rapprochait du suffrage universel.

Mais le caractère démocratique de la loi du 22 décembre 1789 ne se trouvait qu'à la source de l'organisation électorale. Des conditions de cens étaient en effet exigées des électeurs du second degré et surtout des éligibles. Les électeurs nommés par les assemblées primaires, dans la proportion d'un pour cent citoyens actifs, doivent acquitter une contribution directe égale à la valeur locale de dix journées de travail ; à leur tour, ils choisissent les députés parmi ceux qui paient une contribution au moins équivalente à un marc d'argent (environ cinquante-quatre francs) et justifient de la possession d'une propriété foncière quelconque. « La Constituante prétendit ainsi satisfaire à la fois les aspirations démocratiques et rassurer les sentiments conservateurs, en donnant aux classes inférieures un rôle dans l'élection, mais un rôle assez atténué pour être inoffensif » (1). Cependant ces nouvelles réserves aux droits des électeurs avaient suscité une vive opposition. Beaucoup de députés n'admettaient pas

1. Weil. *Les élections législatives depuis 1789*, p. 8.

une aussi grave atteinte à la capacité politique des citoyens; d'autres eussent préféré à l'évaluation en argent du cens d'éligibilité un taux fixé en journées de travail, suivant la méthode adoptée pour le calcul du cens électoral.

Déjà nous voyons poindre une tendance nettement restrictive ; on cherche à faire de la propriété foncière la base de la représentation nationale. Le propriétaire seul, enchaîné à la terre, intéressé à sa fertilité, est le vrai citoyen. Tandis que Cazalès propose d'exiger des représentants la justification d'un revenu annuel de 1200 livres, d'autres orateurs déposent des amendements dans le but d'établir un cens d'éligibilité moins élevé. L'assemblée admit le principe, mais refusa de délibérer sur la valeur de la propriété exigible.

Au milieu de ces propositions diverses, celle de Mirabeau, pour son originalité, mérite une attention particulière; nous y retrouvons le génie de l'orateur caractérisé par son sens pratique plus que par son aptitude aux spéculations abstraites. Il voulait supprimer le marc d'argent et par contre, il faudrait, sur sa proposition, pour être député, avoir obtenu, par deux fois, les suffrages du peuple, dans les élections aux fonctions administratives des assemblées régionales : c'était un moyen d'assurer l'éducation politique des représentants encore novices dans le maniement des affaires publiques. Son observation était si juste que, de nos jours, sans qu'aucune loi n'en impose l'obligation, c'est dans les conseils locaux que se préparent d'ordinaire les candidats au Parlement.

Les règles établies par la loi du 22 décembre 1789 furent appliquées dans les élections à l'Assemblée législative. Mais la condition du marc d'argent avait soulevé de si vives critiques que la Constituante, dans son travail de révision, la supprima. Pour les électeurs aux assemblées primaires, la Constitution de 1791 maintenait les dispositions adoptées auparavant : La qualité de citoyen actif était conférée à tout Français âgé de 25 ans, domicilié dans la ville ou le canton, et qui payait dans un lieu quelconque du royaume une contribution directe au moins égale à la valeur de trois journées de travail et pouvait en présenter la quittance. Le Corps législatif devait déterminer tous les six ans le maximum et le minimum de cette valeur, et les administrateurs des départements, la fixer pour chaque district (1).

La suppression du marc d'argent ne fut pas obtenue sans compensation. Tous les citoyens, « quel que soit leur état, profession ou contribution », sont désormais élijibles au corps législatif, et les garanties qu'on espérait trouver dans la propriété sont reportées sur les électeurs du second degré. Le paiement d'une contribution équivalente à la valeur de dix journées de travail, condition en somme assez modérée, était remplacé par des obligations plus rigoureuses : dans les villes dont la population dépasse 6.000 âmes, il faut, pour être électeur secondaire, avoir la propriété ou l'usufruit d'un bien, évalué sur les rôles des contributions à un revenu égal à la valeur locale de 200 journées de travail ou être locataire d'une habitation estimée au prix de 150 journées ; dans

1. Constitution de 1791. Titre III, ch. I, sect. I, art. 3.

2. Constitution de 1791. Titre III, ch. I. Sect. II, art. 7.

les villes au-dessus de 6.000 âmes, un revenu équivalent à 150 et à 100 journées de travail, est respectivement exigé des propriétaires et des locataires (1).

Par là les électeurs secondaires étaient choisis parmi la classe moyenne et aisée et, d'après M. Taine, leur nombre ne dépassait pas 400.000. Barnave exprimait les vœux de la majorité quand il disait : « C'est dans la classe moyenne qu'il faut chercher des électeurs et je demande à tous ceux qui m'entendent, si c'est une contribution de dix journées de travail qui constitue cette classe moyenne et qui peut assurer à la société un degré certain de sécurité ».

Cette combinaison de deux cens, l'un faible à la base, et l'autre élevé, au sommet, était illogique et n'aurait pu sans inconvénient être appliquée. Il est probable qu'un cens eût été absorbé par l'autre, mais l'expérience ne fut même pas tentée et la Constitution de 1791 disparut en même temps que l'Assemblée législative.

§ 2. — La Législative et la Convention

1. Loi du 10 août 1792 ; Constitution du 24 juin 1793.

Le problème qui se posait devant la Législation n'était point aisé à résoudre : Il lui fallait « ou faire rétrograder la Révolution jusqu'à l'ancien Régime à l'aide des armées étrangères, ou la précipiter dans l'anarchie ou dans le sang au moyen de l'organisation jacobine (2) ». Cette si-

1. Barnave. Séance du 11 août 1791.
2. Bardoux, *op. cit.*, p. 62.

tuation délicate explique comment cette Assemblée, composée en majorité de royalistes, établit le suffrage universel et prépara la voie à la Convention. Après l'insurrection du 10 août, la Législative modifia, pour le choix d'une Convention nationale, les règles établies par la Constitution de 1791 qu'elle jugeait caduque dans son ensemble. Mais en même temps, comme elle estimait n'avoir pas le droit d'imposer des limites à l'exercice de la souveraineté nationale, elle « invitait » seulement les citoyens à observer les prescriptions du Décret des 11-12 août 1792.

Elle maintenait le suffrage à deux degrés. Les électeurs étaient nommés par les assemblées primaires. Ce suffrage devenait presque universel, car « la distinction des français en citoyens actifs et non actifs était supprimée ; et pour être admis dans les assemblées primaires il suffisait d'être français, âgé de 21 ans, domicilié depuis un an dans le canton, *vivant de son revenu ou de son travail*, et n'étant pas en état de domesticité » (1). Pour être éligible comme député ou comme électeur, il suffisait en outre d'avoir 25 ans d'âge. Aucune condition de cens n'était plus exigée pour les diverses assemblées ; la seule obligation de vivre de son revenu ou de son travail n'excluait que les mendiants.

Ce principe générateur du suffrage universel admis par la Législative, la Convention le poussa à ses dernières limites. Montagnards et Girondins sont partisans de la souveraineté nationale sans aucune restriction. Ils font

1. Art.

disparaître les faibles traces de ceux qui subsistaient encore dans le Décret de 1792; au suffrage indirect fait place le vote à un seul degré; plus conforme aux aspirations populaires de la nouvelle assemblée. Les assemblées primaires composées de tous les citoyens domiciliés depuis six mois dans le canton « nomment immédiatement les députés » (1).

Le projet de Constitution des Girondins contenait des dispositions analogues, mais chaque élection devait donner lieu à deux tours de scrutin (2). Pas plus que celle de 1791, la Constitution de 1793 ne fut mise en vigueur; il était d'ailleurs impossible de l'appliquer et, suivant la célèbre expression de Boissy-d'Anglas, « elle ne faisait qu'organiser l'anarchie. » Les Décrets des 19 vendémiaire et 14 frimaire an II, qui établissaient le gouvernement révolutionnaire jusqu'à la paix, en suspendaient l'exécution. Après Thermidor, la Convention l'abandonna complètement pour élaborer un nouvel acte constitutionnel, celui du 24 fructidor an III.

2· La seconde période de la Convention. Constitution du 5 fructidor an III.

L'expérience du suffrage universel, faite sous l'influence des principes de 1793, avait été malheureuse :

1. Art. 8 et 11.

2. Titre III, Sect. III, art. 1. « Les élections se feront au moyen de deux scrutins, dont le premier, simplement préparatoire, ne servira qu'à former une liste de présentation, et dont le second, ouvert seulement entre les candidats inscrits sur la liste de présentation, sera définitif et consommera l'élection ».

L'anarchie et la Terreur en étaient sorties. Aussi après Thermidor, si la souveraineté nationale ne rencontre pas encore d'adversaires, ses partisans reculent devant ses conséquences extrêmes et ne l'appliquent qu'avec une certaine défiance. Ils veulent établir un régime modéré où les diverses branches du pouvoir se fassent contrepoids : le pouvoir exécutif est confié à un Directoire de cinq membres nommé par le Corps législatif; deux Chambres, le conseil des Anciens et le conseil des Cinq-Cents, exercent les attributions législatives.

En ce qui concerne les élections, la nouvelle constitution s'inspire évidemment des principes adoptés par la Constituante : comme la Constitution de 1791, elle établit le suffrage restreint et indirect, mais en l'élargissant. Elle déclare citoyen français « tout homme né et résidant en France qui, âgé de 21 ans accomplis, s'est fait inscrire sur le registre civique de son canton, qui a demeuré pendant une année sur le territoire de la République, et qui paie une contribution directe, foncière ou personnelle ». Le chiffre de la contribution n'était pas déterminé ; il en résultait que le paiement d'un impôt, si faible qu'il fût, donnait entrée aux assemblées primaires. Cette disposition déjà très libérale était encore renforcée par deux autres mesures : L'article 9, à l'exemple de la loi du 26 février 1790, dispensait de toute condition censitaire les Français qui avaient fait campagne pour la République. Tout citoyen qui n'était pas imposé, parce qu'il ne possédait rien, pouvait néanmoins se présenter à l'administration municipale de sa commune et se faire inscrire volontairement pour une contribution équivalente à la valeur locale de trois journées de travail agricole. C'est à l'Angleterre et à l'Amérique qu'on avait emprunté cette taxe de vote, exclusive de toute idée de propriété, qui ait été repoussée par la Constituante, dans la crainte de favoriser la corruption électorale.

Cette conception très large du droit de vote était un peu restreinte au second degré. Les assemblées primaires choisissaient ceux qui devaient, à leur tour, élire les membres des deux conseils. Pour être électeur du second degré, il fallait, comme en 1791, être âgé de 25 ans et justifier d'une certaine propriété, usufruit, fermage ou loyer (art. 35). L'esprit démocratique de 1793 n'avait donc pas détruit la Constitution de 1791. Les Conventionnels de l'an III reprenaient, en les élargissant, les idées des Constituants de 1791.

SECTION III. — *Le Consulat et l'Empire.*

Constitution du 22 frimaire an VIII. Senatus-consultes du 16 thermidor an X et du 28 floréal an XII.
L'acte additionnel aux Constitutions de l'Empire.

La Constitution de l'an VIII fut une réaction contre la Constitution directoriale et imprima au principe de l'élection, assez unitaire jusque-là dans son développement, une direction nouvelle. Elle limite et affaiblit l'exercice de la souveraineté nationale au point de le supprimer presque entièrement. Pendant la période précédente, l'élection était devenue un abus, le principe électif avait été appliqué à toutes les institutions, aux assemblées administratives comme aux assemblées politiques, à la magistrature et même à l'armée. Cet abus avait engendré l'abstention la plus complète qui se soit jamais produite. Les Assemblées politiques, en se déclarant émanées du peuple et dépositaires de sa volonté souveraine, s'étaient sans cesse ingérées dans les actes de gouvernement et d'administration. Désormais, en vertu du même principe de la toute-puissance populaire, le pouvoir exécutif tiendra dans une étroite dépendance les Chambres législatives jusqu'au moment où la proclamation de l'Empire marquera l'avènement du despotisme absolu.

En l'an VIII, la présentation remplace l'élection : Suivant ce dernier mode, c'était de l'électeur que le représentant tenait ses pouvoirs ; dans le second système, l'électeur ne fait que présenter des listes de confiance sur lesquelles le Sénat ou le premier consul font des choix définitifs. Le rôle de l'électeur est par là même très réduit. A la base le système présente d'ailleurs une certaine étendue, mais il va en se rétrécissant vers le sommet et forme ainsi « la pyramide ». Siéyès, qui l'avait conçu, alléguait pour le justifier, la nécessité de faire partir « la confiance d'en bas et la direction d'en haut ». En fait c'est la dictature que préparera cet agencement très compliqué.

En bas, c'était le suffrage universel : la naissance et la résidence en France jointes à l'âge de 21 ans étaient les seules conditions exigées des électeurs ; aucune restriction de cens ou de capacité n'était formulée dans le texte constitutionnel. Mais le principe de la présentation, qu'on avait adopté, n'offrait aux électeurs aucune garantie. Il était nécessaire et presque fatal qu'ils en vinssent, dès lors, à se désintéresser de leurs fonctions. Tous les citoyens réunis à l'assemblée primaire choisissaient un dixième d'entre eux pour composer la liste communale ; les délégués choisis opéraient, à leur tour, une nouvelle sélection d'un dixième destinée à former la liste départementale. La suprême « liste de confiance » comprenait le dixième de celle-ci et constituait le tableau effectif des candidats au Tribunat et au Corps législatif sur lesquels s'exerçait en dernière analyse le choix du Sénat.

Le sénatus-consulte du 16 thermidor an X, qui instituait le Consulat à vie, apporta quelques modifications à ce mécanisme électoral. Les membres élus par les assemblées cantonales sont à vie et deviennent ainsi de vrais fonctionnaires. L'idée du cens y apparaît avec la tendance aristocratique qui le caractérisera sous la Restauration. Tous les citoyens ayant leur domicile dans le canton peuvent prendre part aux assemblées primaires pour élire deux candidats au Tribunat et choisir les membres des collèges départementaux : ces derniers ont pour mission de choisir les sénateurs. Enfin chaque collège d'arrondissement et de département propose deux citoyens domiciliés dans le département pour former la liste des candidats au corps législatif. Si aucune garantie de cens n'était exigée des électeurs de canton et d'arrondissement, il n'en était pas de même des membres des collèges de département qui devaient être pris parmi *les 600 citoyens les plus imposés du département aux rôles des contributions directes.* Le rang attribué à la fortune dans cette organisation politique était bien secondaire puisque l'élecion, loin de présenter une importance réelle, était réduite à un vain simulacre (1). Mais la conception censitaire n'en est pas moins admise et les régimes postérieurs à l'Empire, en rétablissant le principe électif avec son application normale, accorderont à la richesse une place prépondérante.

Cette législation fut maintenue par l'Empire qui admit de droit les membres de la Légion d'honneur dans les collèges de département ou d'arrondissement, suivant leur grade. Quant au système de la présentation, abandonné par la Charte de 1814, il n'a jamais été repris ; en laissant une trop faible part d'initiative aux électeurs dans la formation des assemblées législatives, il devait les conduire à se désintéresser de leurs fonctions et favoriser ainsi l'abstention qui sévissait déjà dans une trop large mesure.

— Après le retour de l'île d'Elbe, l'acte additionnel aux Constitutions de l'Empire, tout en copiant la Charte de 1814, se montrait beaucoup plus libéral que celle-ci. Il conservait les anciens collèges électoraux d'arrondissement et de département, mais leur conférait un véritable droit d'élection. En outre, l'article 33 disposait que l'industrie et la propriété manufacturière ou commerciale auraient une représentation distincte : à cet effet le collège électoral du département choisirait des députés par-

1. Il est vrai que, depuis la Convention, la souveraineté nationale avait revêtu une nouvelle forme, le gouvernement direct, exprimé par l'application du vote populaire aux lois constitutionnelles. Le Consulat à vie et l'Empire surtout usèrent du gouvernement direct dans les plébiscites du 20 floréal an X et du 23 floréal an XII.

mi les candidats qui lui seraient proposés par les Chambres de commerce et les Chambres consultatives réunies. C'était la représentation des intérêts organisée suivant la méthode préconisée de nos jours.

CHAPITRE III

Les applications, mœurs électorales de la Révolution (1).

Les nouveaux électeurs ne montrèrent aucun empressement à jouir de leurs prérogatives politiques. Autant les orateurs des différentes assemblées révolutionnaires manifestent d'ardeur pour faire participer la nation au choix de ses représentants, autant les citoyens semblent médiocrement désireux de jouer un rôle dans la conduite des affaires publiques. Plus de six millions d'électeurs, sur un nombre total de sept millions, se tiennent à l'écart des assemblées primaires et « dans tous les départements, sur cinq électeurs du second degré, à peine en est-il un qui se soit acquitté de son mandat » (2). Les causes de cette abstention en masse sont multiples, mais toutes dérivent de l'inexpérience des législateurs ou du défaut d'éducation politique d'une très forte majorité du peuple.

En premier lieu, les élections nécessitent de longues formalités et entraînent des pertes de temps considérables.

1. V. G. D. Weil. *Les élections législatives depuis 1789.*

2. V. Taine. *Les origine de la France Contemporaine. La Révolution*, t. II, p. 43.

A suivre les prescriptions de la loi du 22 décembre 1789, il ne faut pas moins de deux jours pour la nomination des bureaux, et deux ou trois jours sont encore nécessaires pour celle des électeurs du second degré. Les opérations du scrutin ont lieu au canton et par suite, aller voter exige, pour les gens de la campagne, un déplacement de cinq jours en moyenne. Il n'est donc pas étonnant que ce soit précisément ceux qui payaient le moins d'impôts qui se soient abstenus le plus fréquemment.

Il suffisait, semble-t-il, pour attirer cette catégorie d'électeurs aux assemblées primaires de leur accorder une compensation en argent : la Constituante ne voulut pas entrer dans cette voie. Préoccupée de la détresse financière du pays, arrêtée par la difficulté d'éviter des combinaisons arbitraires, elle décida que les électeurs du second degré eux-mêmes ne seraient pas indemnisés, (Décret du 8 septembre 1791). Aussi n'est-ce pas sans quelque apparence de raison qu'on reprochait, dès cette époque, aux élections d'être aux mains des « plus opulents ».

La Législative et la Convention, s'inspirant de l'idée démocratique, ne voulurent pas doter l'électeur pauvre d'une prérogative illusoire, en lui donnant le droit de voter sans lui en procurer les moyens. Le Décret du 11 août 1792, qui convoque les citoyens pour élire la Convention nationale, dispose que « les électeurs qui sont obligés de s'éloigner de leur domicile recevront 20 sous par lieue et 3 francs par jour ». Cette indemnité n'était du reste allouée qu'aux électeurs du second degré. De même, les lois du 4 vendémiaire an IV, et du 23 ventôse an V indemnisaient en partie les votants.

Il ne semble pas toutefois que ces mesures dispendieuses aient apporté aux abstentions le remède efficace qu'on espérait : c'est que malgré le remboursement partiel des dépenses, les élections sont devenues trop fréquentes pour être suivies assidûment ; si on réfléchit en effet que « tous les quatre mois la machine électorale se remet en branle », il est difficile de ne pas en conclure avec M. Taine que « tant de prérogatives finissent par devenir une corvée ».

A ces raisons déjà très puissantes, ajoutons l'indifférence de la masse pour les questions politiques. Le peuple était resté ignorant et voyait sans intérêt se dérouler les différentes phases de la Révolution. Des Ordonnances royales de 1695 et 1724 avaient bien prescrit l'établissement d'une école dans chaque paroisse, mais elles étaient restées lettre morte, faute de ressources suffisantes. « Les villes renfermaient aussi beaucoup d'illettrés et les doléances des cahiers des trois ordres sont intarissables sur ce point. Le clergé de Montargis affirme que la plupart des paysans ne savent ni lire ni écrire (1). » Rien d'étonnant, par suite, à ce que la bourgeoisie se soit emparée du pouvoir, car elle était avec le clergé la seule classe éclairée et la noblesse avait en général plus d'éducation que d'instruction.

A mesure que les évènements se précipitaient, les violences se multipliaient, entravant la liberté des électeurs et contribuant à leur éloignement des scrutins. Les élections des Etats Généraux, pour avoir fait naître une effervescence très-vive, s'étaient cependant accomplies en toute sincérité ; aucune pression systématique n'avait été

1. *Histoire générale de Lavisse et Rambaud.* T. VIII, p. 31.

exercée par le gouvernement ou par les différents partis. La situation changea bientôt; dès le 8 mai 1790 le roi jugeait nécessaire « d'exhorter ses fidèles sujets à seconder ses intentions paternelles, en concourant paisiblement et avec zèle à la formation des assemblées qui doivent assurer la tranquillité et le bonheur de la France. »

A partir des élections à la Convention, la liberté du vote ne plus plus qu'un vain mot. Partout les clubs, en soumettant les élections à un contrôle arbitraire, s'arrogent « de fait sinon de droit tous les privilèges d'une aristocratie politique » (1); à l'instigation de Robespierre le conseil général de la Commune de Paris prend un arrêté aux termes duquel les élections seront faites « à haute voix et par appel nominal et seront soumises au contrôle populaire ». Le serment politique devient aussi un moyen d'intimidation très en vogue; à Paris encore, le citoyen, avant de voter, doit jurer qu'il « n'a point assisté à quelque club ou n'a point signé quelque pétition anti-civique » ce qui conduit à l'exclusion de tous ceux qui ne se disent pas Jacobins. Chaque réunion électorale se croit ainsi le peuple et s'érige en petit parlement.

Le Directoire exerce cuvertement une pression abusive sur les votants : en l'an V le ministre de la police indiquait aux autorités belges les candidats revêtus de l'estampille officielle et des agents du Pouvoir central étaient envoyés sur les lieux pour travailler à leur élection. Une ciculaire de Merlin, ministre de la justice, (7 ventôse an V)

1. Taine, *op. cit,*, p. 54. « Partout le club règne ou se prépare à régner... aux élections il écarte ou patronne les candidatures et vote presque seul, à tout le moins il fait voter. »

prescrivait d'écarter des assemblées primaires les citoyens non encore jugés dont les noms figuraient sur les listes d'émigrés. L'arbitraire de l'administration était ainsi érigé en principe électoral. Néanmoins les royalistes triomphèrent dans les scrutins de l'an V. Le Directoire fit alors le coup d'Etat du 18 fructidor et une loi du 19, contenant des mesures de salut public contre la conspiration monarchiste, annulait les élections dans 59 départements et exigeait des électeurs « le serment de haine à la royauté et à l'anarchie, de fidélité et d'attachement à la République et à la constitution de l'an III ».

A côté de la pression du gouvernement, la corruption électorale se donnait libre carrière : Un message du Directoire lu aux Cinq-Cents, le 13 floréal an VI, énumère les nombreuses atteintes à la liberté du vote, « la fabrication de faux bulletins, la distribution de vin et d'argent, l'admission de réquisitionnaires, de déserteurs, de contribuables et d'individus entièrement inhabiles à voter ». La révolution du 19 floréal qui annulait les élections d'une série de départements, ne donnait pas d'autre prétexte d'une pareille mesure que l'échec subi par le gouvernement (1).

Le Consulat et l'Empire réduisent les élections à de vaines formalités et cependant des mesures très minutieuses sont prises pour soumettre les assemblées électorales au joug du gouvernement et faire un rouage aussi docile à ses caprices que l'administration, l'université et l'armée. Les électeurs sont pour ainsi dire conduits militairement, et ces bataillons d'un genre nouveau ont un président délégué par l'autorité centrale. Le contentieux électoral appartient en dernier ressort au Conseil d'Etat.

Un décret du 17 janvier 1806 décide que si par suite de doubles emplois, le contingent d'un canton pour les collèges électoraux se trouve incomplet, le préfet forme l'appoint en ajoutant, après les personnes élues plusieurs fois, celles qui auront obtenu le plus de voix. L'opération semble réduite à un calcul des voix ; en fait, elle établit le bon plaisir de l'administration comme règle souveraine des élections.

Puis c'est à Napoléon lui-même qu'est attribuée la solution des litiges électoraux (Règlement du 13 mai 1806). En 1807 le tribunat est supprimé (séance du 2 août 1807); l'Empereur, avec l'approbation tacite du Sénat, s'arroge le droit de trancher toutes les questions par simple décret, sans tenir compte du corps législatif, seul pouvoir émané de l'élection. Bien plus, on arrive à supprimer la formalité du scrutin: à l'époque normale des élections, (le corps législatif devait être renouvelé par cinquième chaque année), le Sénat, interprétant judaïquement le sénatus-consulte organique de l'an X (art. 75) (1), prorogeait les pouvoirs expirés de la série et le corps législatif devenait ainsi une assemblée permanente, instrument docile du pouvoir. Enfin le Sénat n'avait-il pas admis qu'il pouvait nommer lui-même des députés sur la présentation de l'Empereur, quand il y avait urgence, sans le concours des collèges électoraux. Pas moins de 75 membres du Corps législatif furent ainsi choisis de 1806 à 1812.

1. « Le Gouvernement convoque, ajourne ou proroge le Corps législatif».

En somme l'application prématurée des théories sur la souveraineté nationale et sur l'égalité politique des citoyens avait abouti à un échec : Le droit de vote n'avait point excité l'enthousiasme du peuple qui s'était abstenu en masse et les factions révolutionnaires s'en étaient emparé comme d'un instrument très propre à courber la nation sous le joug d'une sanglante anarchie. Aussi le régime impérial, tout en gardant l'étiquette démocratique, avait-il supprimé en fait le pouvoir électoral pour exercer le despotisme le plus absolu.

DEUXIÈME PARTIE

La Restauration et la Monarchie de Juillet ; Cens aristocratique.

I. — La Charte de 1814 (1).

Le rétablissement des Bourbons sur le trône de France, combinaison politique irréalisable en apparence, devint, avec la Charte de 1814, un fait accompli. Si les Cent-Jours firent reprendre au nouveau roi la route de Gand, son retour ne trouva pas d'obstacle après la seconde abdication de Napoléon (2 mai 1814), les questions les plus graves ayant été résolues dès la première Restauration.

Deux tendances opposées se faisaient sentir au moment de la chute de l'Empire. Si le Sénat s'était résigné à accepter la Restauration des Bourbons, il n'en restait pas moins attaché au principe qui avait favorisé la dictature impériale : la souveraineté du peuple exprimée par les plébiscites. La Constitution du 6 avril 1814, qui était son œuvre, devait, pour devenir définitive, être soumise à la ratification populaire et le roi avait ensuite à l'accepter et à jurer de s'y soumettre. Au point de vue strict des élec-

1. V. Seignobos. *Histoire politique de l'Europe contemporaine*, p. 92 et suiv.

tions, elle conservait les collèges de l'Empire en leur accordant pleine liberté de leurs choix (art. 9).

Mais la déclaration de Saint-Ouen qui était la réponse du nouveau gouvernement à l'Acte du 6 avril, tout en reconnaissant que les « bases en étaient bonnes » était loin d'y adhérer complètement (1). Elle conservait pourtant l'organisation sociale issue de la Révolution et sur ce point aucun changement n'était apporté à la constitution élaborée par le sénat ; le gouvermement représentatif y était admis avec les deux chambres qui en étaient l'image, mais aucune allusion n'était faite aux conditions d'exercice des droits politiques et la souveraineté populaire était passée sous silence, ce qui laissait un doute sur son adoption. Cependant, pour ne pas heurter de front les sentiments des assemblées impériales favorables au

1. L'idée de Constitution nouvelle avait été poursuivie par Talleyrand. Il avait choisi comme rédacteur M. Lebrun réputé comme écrivain et administrateur. « Nous et M. de la Charte assemblés chez M. Talleyrand, le 3 avril au soir, la déchéance ayant été prononcée dans la matinée. La réunion se trouvait composée de 20 à 25 personnes...Nous écoutions de l'oreille la plus attentive, persuadés que nous allions, en effet, entendre les propositions les mieux étudiées ; le silence était profond. M. Lebrun tirant avec assez de peine de sa poche un fort beau volume relié en maroquin rouge nous dit de ce ton goguenard et bourru tout à la fois dont il n'a jamais su se départir, les paroles que voici : La besogne, Messieurs, ne m'a pas, comme vous allez le voir, coûté une fort grande peine, je l'ai trouvée toute faite ; il ne m'a pas fallu beaucoup de réflexion pour être assuré que bien travaillant, je ne ferais pas mieux, probablement pas aussi bien. Croyez-moi, tenez-vous à ceci, il n'est jamais trop tard pour revenir

plébiscite, le roi s'engage « à mettre sous les yeux du sénat et du corps législatif le travail qu'il aura fait avec une commission choisie dans le sein de ces deux corps ». Cette formule transactionnelle laissait en suspens le problème de la Constitution et permettait au roi de ne pas se mettre sous la tutelle du sénat sans toutefois le laisser de côté. Mais lorsque la commission eût achevé son œuvre, on fut d'accord pour refuser à celle-ci le titre de constitution (1) qui impliquait la libre acceptation des représentants, et on adopta le nom de Charte proposé par Beugnot.

La souveraineté-populaire, après avoir été le principe fondamental de tous les régimes politiques depuis la Révolution, était bannie de notre droit public et la théorie du droit divin des rois reprenait son empire hier encore abandonné.

Discrètement, le préambule de la Charte laissait dans l'ombre toute la période précédente et faisait uniquement appel aux traditions séculaires de la monarchie. La Charte n'est que « concession et octroi » de la volonté du roi « en qui réside en France l'autorité tout entière », et même, en modifiant l'exercice de cette toute-puissance par

à ce qui est incontestablement bon ». En achevant ces mots, il pose sur la table son beau volume qui n'était autre que la Constitution de 1791. Chacun de nous regardait muet de stupéfaction, le plus embarrassé, le plus déconfit était M. de Talleyrand ; il s'efforça de tourner quelques phrases qui sans être désobligeantes pour M. Lebrun, laissaient voir cependant à quel point son attente était trompée ». Chancelier Pasquier, *op. cit.*, t. III, p. 317.

1. Anecdote du Chancelier Pasquier

des dispositions libérales, elle rappelle que le premier devoir du souverain est précisément de conserver « les droits et les prérogatives de la couronne ». Par une conséquence naturelle, le nouveau roi se déclarait dans la dix-neuvième année de son règne et reprenait le drapeau blanc de ses ancêtres.

Après tant de négociations pour ramener les Bourbons sur le trône, après tant d'habileté déployée pour éluder les conséquences de la Révolution, cette affirmation catégorique de l'absolutisme royal et du droit divin n'était pas très adroite, et elle contrastait avec la conduite politique de Louis XVIII. Mais l'affirmation résidait plus dans la lettre que dans l'esprit de la Charte, et Louis XVIII « très pénétré de la légitimité de ses droits, convaincu de la divinité de leur origine, entendait les exercer sans fatigue; un régime politique analogue à celui des Anglais n'était pas pour lui déplaire... D'autre part, son intelligence claire et sceptique, son esprit peu porté aux illusions lui faisaient sentir nettement l'impossibilité d'imposer à la France autre chose qu'un régime libéral et que rien changer d'essentiel aux institutions nées de la Révolution, ce serait jouer sa couronne avec les plus grandes chances de la perdre ». (1)

En réalité par deux caractères principaux la Charte s'éloignait beaucoup de la conception du droit divin : elle adoptait les institutions léguées par les régimes précédents et elle imitait la Constitution libérale de l'Angleterre.

La Révolution avait supprimé les anciens privilèges et

1. *Histoire générale de Lavisse et Rambaud*, t.X, p. 86.

posé l'égalité à la base du groupement national; le seul avantage qu'elle eût conservé à titre héréditaire était la propriété individuelle ; le morcellement des terres avait aussi pour but de prévenir une rupture dans l'équilibre des intérêts et une nouvelle éclosion des antinomies sociales.

Dans cette collectivité où l'individu isolé ne pouvait trouver aucune protection contre la tyrannie de l'Etat, l'Empire avait introduit une puissante centralisation administrative très favorable à l'exercice de la dictature. Louis XVIII, à son tour, commence par déclarer à l'imitation des hommes de 1789, l'égalité de tous les Français devant la loi et il rassure les intérêts alarmés par la Restauration, en stipulant expressément que la propriété est inviolable et que les possesseurs de biens nationaux ne pourront être inquiétés.

D'autre part il conserve tous les fonctionnaires de l'Empire, garde intactes les prérogatives de la noblesse impériale, adopte l'œuvre législative de son prédécesseur et abolit seulement ce qui avait rendu Napoléon impopulaire : la conscription et les droits réunis. Ce généreux compromis facilitait la réconciliation entre l'Empire et la Royauté ; l'acceptation pure et simple du fait accompli devait faire oublier la tourmente des vingt-cinq années précédentes.

Pour rendre définitive la pacification, il fallait construire un système politique qui fût libéral sans conduire à l'anarchie. Le régime représentatif adopté par la Révolution ne pouvait être supprimé d'un trait de plume ; il était préférable de l'organiser et de le rendre stable. Il ne pouvait être question de le faire reposer sur le suffrage universel, expression de la souveraineté nationale. Un pareil principe était en contradiction trop violente avec la théorie du droit divin, et Louis XVIII qui l'avait rejeté dès la première Restauration, n'avait pas pu, après les Cent-Jours, tenir compte de la déclaration votée par la Chambre des représentants, déclaration d'après laquelle le monarque, pour offrir une garantie réelle, devait jurer d'observer une Constitution élaborée par le peuple ; il n'était pas remonté sur le trône en vertu d'un plébiscite, fidèle en cela à la Charte qui, à travers les artifices de sa rédaction, réservait en définitive au roi seul le pouvoir constitutionnel.

Les institutions politiques anglaises offraient un modèle facile à copier. Ainsi le roi, les Pairs et la Chambre basse devinrent en France les trois organes essentiels de la vie publique. Le roi avait seul l'initiative parlementaire et les membres des deux chambres ne pouvaient que supplier le roi de proposer une loi. Mais ce pouvoir législatif, qui rappelait les vœux et doléances des Etats-Généraux, ne devait pas rester ainsi atrophié au sein d'un corps élu et permanent.

Comment celui-ci allait-il être choisi ? Pour la chambre des Pairs, la nomination par le roi était une solution tout indiquée. Quant aux députés, on fit encore appel au système anglais pour éviter l'élection populaire déjà écartée dans le choix de la constitution. A cette époque, en effet, le suffrage universel ne conserve plus que de très rares partisans. On lui reproche d'avoir produit Robespierre et

Napoléon, l'anarchie, puis la dictature, sous le couvert des mots de liberté et d'égalité. L'électorat politique est considéré comme un pouvoir dangereux qu'il ne faut mettre qu'entre les mains de personnes fidèlement attachées à l'ordre social existant (1). Par suite on n'hésita pas à adopter, comme principe du droit électoral la fortune constatée par l'impôt; mais au lieu de l'ancienne franchise anglaise des quarante shellings, la charte fixa un chiffre de cens très élevé, ce qui donna à tout le régime un caractère ploutocratique.

L'article 40 disposait que « *les électeurs qui concourent à la nomination des députés ne peuvent avoir droit de suffrage s'ils ne paient une contribution directe de* 300 *francs et s'ils n'ont au moins trente ans* ». Quant à l'organisation même des collèges électoraux, elle devait être déterminée par des lois, ce qui laissait encore une large place à l'œuvre des assemblées. L'âge de quarante ans et le paiement d'une contribution de 1000 francs étaient les conditions de l'éligibilité. Cependant le cens électoral et le cens d'éligibilité n'avaient point passé sans protestations : M. Faulcon, vice-président du corps législatif, en avait combattu le principe comme enclin à des tendances aristocratiques et destiné à exclure de la chambre beaucoup d'hommes de bien et d'honorables fonction-

1. Déjà en 1814, lorsque l'Empereur Alexandre avait proposé la convocation des collèges électoraux pour élire des députés qui décideraient de la forme du gouvernement, Metternich s'y était opposé « car cette application du principe de la souveraineté du peuple, serait un second déchaînement de la Révolution ».

naires. Cet incident n'eut pas de suite et la commission se contenta de remplacer le mot « contribution foncière » par celui de « contribution directe », sans que personne réfléchit que cette addition faisait admettre les patentes au calcul du cens électoral : « Si on y eût songé, dit M. Beugnot, jamais l'amendement n'eût été adopté ».

Des conditions aussi rigoureuses avaient pour effet de restreindre la vie publique à une infime partie de la nation. Bien que la Révolution eût proclamé l'égalité civile, le pays était encore à cette époque, divisé en classes : à côté de l'ancienne noblesse terrienne, rentrée de l'émigration derrière Louis XVIII, s'était élevée une bourgeoisie industrielle. L'isolement de la France du marché européen, résultat des longues guerres de l'Empire et du blocus continental, avait vivement stimulé l'Industrie nationale, particulièrement dans l'Est et en Normandie.

En vertu des exigences pécuniaires de la Charte, la noblesse et la bourgeoisie aisée ont seules part au gouvernement du pays ; tous les travailleurs manuels, ouvriers ou paysans, les petits commerçants, le bas clergé, beaucoup de fonctionnaires et une partie de la bourgeoisie naissante en sont exclus. A la grande industrie se rattachent les agglomérations ouvrières, mais le prolétariat, encore isolé, ignorant et tenu dans une étroite dépendance, est soigneusement écarté de la vie politique, et pourtant ce sont les ouvriers « qui fourniront les enthousiastes et les fanatiques, qui recruteront les sociétés secrètes et qui feront les émeutes » (Seignobos).

Les Chambres de la Restauration se trouvèrent composées de deux grands partis pour lesquels la loi électorale fut la forteresse dont il convenait de s'emparer pour dominer le pays : Les ultra-royalistes et les royalistes doctrinaires. Chacun eut d'ailleurs son jour de victoire, celui-ci avec la loi de 1817 et celui-là avec la loi de 1820. Aussi n'est-il pas dénué d'intérêt de rechercher sur quels principes chacun d'eux prétendait asseoir l'électorat politique.

II. — Les théories

—

Les doctrinaires.

Toute la théorie, tous les principes politiques des doctrinaires se résument dans la Charte de 1814 dont ils demandent l'application loyale. « Nationaliser la royauté et royaliser la France » suivant l'expression un peu barbare de M. Decazes, réconcilier l'ancienne et la nouvelle France suivant le vœu de Louis XVIII (1), « amener les anciens privilégiés à reconnaître sincèrement le nouvel ordre social sorti de la Révolution et la bourgeoisie à

1. C'est cette politique que Louis XVIII précisait un peu plus tard (29 janvier 1818) dans une lettre à son frère : « Le système que j'ai adopté et que mes ministres suivent avec persévérance est fondé sur cette « maxime qu'il ne faut pas être le roi de deux peuples, et tous les efforts de mon gouvernent tendent à faire que ces deux peuples, qui n'existent que trop, finissent par en former un seul ». Cité par Thureau-Dangin, p. 161.

considérer la monarchie comme légitime (1) », tel est le but généreux qu'ils se proposent.

Au premier rang figure Royer-Collard qui a fondé « la philosophie de la Charte » (de Rémusat). En effet sa doctrine un peu étroite, malgré son allure dogmatique, ne remonte pas plus loin que l'acte du 4 juin 1814 et pour lui, c'est dans la nécessité que la Charte puise sa force; la monarchie est le principe de la politique, et il ne redoute rien tant que la souveraineté populaire se dressant en face des droits du roi.

Réagissant contre les tendances égalitaires de la Révolution, il professe que la nation n'est pas un tout homogène, mais une synthèse d'intérêts multiples et divers, dont l'organisation politique doit s'efforcer de reproduire la variété. Ce n'est donc pas le nombre qui imposera à la nation une volonté informe et disparate Il serait exagéré aussi de dire que la souveraineté appartient au roi ; celui-ci n'a qu'une « influence de direction » nécessaire pour maintenir l'unité entre les différentes branches du pouvoir. Une monarchie mixte, dans laquelle collaborent le roi, les pairs et les députés, tel est le sujet de la Charte, et c'est de la charte que nous tenons leur mandat.

La juxtaposition de ces trois pouvoirs donne une exacte représentation de la nation, en tenant compte de l'inégalité dans les conditions sociales. Ainsi, les hautes classes ont des intérêts spéciaux qu'il est utile de protéger : la Chambre des pairs en est la conséquence. Les supériorités de tout genre enlevées, le domaine social se trouve

1. *Histoire générale de Lavisse et Rambaud*, T. X.

nivelé, et il ne reste que les intérêts et les besoins du peuple à satisfaire : C'est le rôle de la Chambre des députés. La Charte aurait pu la créer directement ; elle a préféré investir de ce pouvoir des *électeurs qui deviennent de véritables fonctionnaires*. La représentation proprement dite n'existe donc pas et la capacité politique, attachée, dans son principe, à certaines conditions sociales, n'est pas une délégation de volontés. Elle se résout en un droit personnel dès que ces conditions sont remplies et l'électeur ne représente que lui-même. Par suite tous les électeurs sont égaux et si la loi, c'est-à-dire la Charte, n'avait pas fixé de règle spéciale tous les citoyens pourraient voter ; mais fait observer Royer-Collard, « appeler la multitude, est-ce autre chose que d'inviter les factions à la remuer à toutes les profondeurs, à la bercer de fausses espérances ? » Aussi la charte, dans sa sagesse, a-t-elle exigé un cens élevé, un certain degré de richesse étant nécessaire pour fonder la présomption d'un jugement libre et éclairé. Aussi cette aptitude personnelle devient la source du droit et aucune autre restriction ne saurait être admise. Toutes les distinctions qu'on veut établir entre la grande et la petite propriété, entre les contribuables plus ou moins imposés, ne repose sur aucun principe, car toute la propriété trouve dans la Chambre des députés son expression adéquate, et elle n'intervient chez l'électeur et l'éligible que comme « une garantie morale de l'indépendance et des lumières ».

Sous son apparence doctrinale, ce système n'offrait qu'une justification théorique de la Charte. Néanmoins, ce caractère d'opportunisme, s'il enraya par la suite notre évolution politique, constituait à cette époque, en face des revendications maladroites des ultras, une qualité dont il faut savoir gré à Royer-Collard : il eut ainsi le mérite de contribuer puissamment au vote de la loi de 1817 et de se poser en adversaire de la loi de 1820.

A côté de lui, Guizot se fait l'avocat des classes moyennes qui, seules, possèdent la raison, vrai principe de la souveraineté, qui donnent aux gouvernements l'équilibre et la stabilité, dirigent l'opinion et assurent la marche régulière du progrès. La classe moyenne comprend tous les citoyens qui, n'étant absorbés ni par l'excès du travail ni par l'oisiveté, possèdent une fortune modeste, à égale distance de la pauvreté et de la richesse. Son influence est très-légitime, puisqu'elle n'a pas les préjugés d'une caste ou les idées trop simples d'un homme de labeur. Guizot fut l'auteur de l'exposé des motifs de la loi de 1817 qui était la glorification de la classe moyenne.

Qu'ils invoquent les principes de la Charte ou la supériorité de la raison, Royer-Collard et Guizot ont soutenu la bourgeoisie au pouvoir. Et ces deux orateurs ont contribué à faire d'elle une caste privilégiée en oubliant trop les autres classes de la nation, du moins, ils ont eu sous la Restauration le mérite de dresser, devant les prétentions excessives du parti ultra-royaliste, une barrière qui ne fut pas toujours vaine.

Bien qu'il soit partisan de la souveraineté du peuple et qu'il ne fasse pas de l'électeur un fonctionnaire, Benjamin Constant, (1) un des chefs du parti libéral, accepte

1. V. Cours de politique constitutionnelle, T. II. *Réflexions sur la Constitution.*

certaines théories politiques des doctrinaires. Le cens électoral lui paraît pleinement justifié, non parce qu'il est établi par la Charte, mais parce que « *la propriété seule rend les hommes capables de l'exercice des droits politiques* ». Encore demande-t-il que cette condition de propriété ne soit ni trop rigoureuse, ni trop élastique et son criterium est la possession du « revenu nécessaire pour exister indépendamment de toute volonté étrangère ». Il exclut les « capacités » qui faussent le jugement et réserve sa préférence pour la propriété foncière et le bail à long terme.

Benjamin Constant compte aussi comme un défenseur de la loi de 1817 (1) quoique qu'il n'hésite pas à déclarer que « le paiement de 300 francs de contribution directe, suppose incontestablement un revenu trop élevé ». Il protestera énergiquement en 1820 contre le projet qui tend à constituer exclusivement en corps électoral, les contribuables les plus imposés pour donner naissance à « une aristocratie invincible et permanente ».

Sa conception, favorable a une extension graduelle du suffrage, avait sur celle des doctrinaires l'avantage d'être plus conforme à l'idée du progrès.

2° *Les ultra-royalistes* (2).

Tandis que l'école des doctrinaires, fidèle à la pensée de Louis XVIII, cherche dans l'application de la charte

1. V. Cours de politique constitutionnelle. T. II et s. *Etude de reproches adressés à la loi de 1817.*

2. V. Thureau-Dangin. *Royalistes et républicains*, p. 149 et s.

« l'alliance indissoluble du passé et de l'avenir » (Royer-Collard), le parti ultra-royaliste ou des « ultras » ne rêve rien moins que « la reconstruction de la société d'après les principes religieux et monarchiques » et le brusque retour à l'ancien Régime par la contre-révolution. La Restauration loin de lui apparaître sous l'aspect d'un compromis, est à ses yeux « une victoire et presque une vengeance », son idéal est de voir « Louis XVIII couché dans le lit de Napoléon » et toute sa haine est réservée à ceux qui tentent « d'affermir la révolution sur les bases de la légitimité ».

La prépondérance politique est nécessaire pour réaliser cette œuvre de réaction sociale ; aussi les ultras s'efforcent-ils de l'atteindre par une tactique parlementaire qui varie avec les circonstances, dont les principes sont même contradictoires d'une époque à l'autre et cette opposition n'est pas l'un des traits les moins piquants dans la conduite de ce parti.

Dans la première phase de leur action politique qui s'étend jusqu'au vote de la loi de 1817, le gouvernement n'entre pas dans leurs vues et il s'agit pour eux de conquérir le pouvoir. Tout d'abord la Chambre introuvable, composée en grande partie des membres de l'extrême-droite, mécontente d'une combinaison ministérielle où elle se trouvait en minorité, recherche dans la prépondérance des Chambres, dans le renouvellement intégral, et dans la responsabilité des ministres le moyen d'imposer au roi ses volontés. Les ultras de 1815 deviennent « les plus exigeants et les plus impérieux des parlementaires » et leurs revendications auront pour résultat « d'adapter d'emblée à la vieille Monarchie le mécanisme de la liberté moderne » d'établir en France le gouvernement de cabinet, conséquence de la souveraineté nationale.

Au point de vue plus spécial des élections, ces tendances démocratiques se manifestent sous la forme de projets favorables à l'extension du suffrage politique. Ces adversaires acharnés de la Révolution préconisent le système des assemblées primaires de la Révolution. Les règles censitaires de la Charte ne leur paraissent pas acceptables : les contribuables à 300 francs, par suite du morcellement de la propriété, ne possèdent pas plus d'un tiers des biens fonciers et c'est une injustice de ranger tous ceux qui n'acquittent pas un chiffre d'impôts si élevé parmi les prolétaires, « hommes vivant du travail journalier de leurs mains et nécessairement soumis à tous les genres de dépendances » puisqu'il y rentre en fait les deux tiers de la population territoriale. Ne serait-il pas vraisemblable d'attribuer à un des auteurs de la Constitution de 1791 plutôt qu'à un ultra-royaliste de 1817 la déclaration suivante : « *La masse de la nation doit jouir des privilèges qui lui sont accordés...*, elle *doit participer par un degré d'élection à la représentation*, car l'impôt doit être discuté par celui qui le paie » (M. de Caumont). Aussi le cens électoral devrait-il être réduit : La Commission nommée par la Chambre introuvable en 1815 considérait comme suffisant, pour le vote au premier degré, un cens de 50 francs, qu'elle abaissa dans un second projet à 25 francs.

Les pouvoirs des préfets lui paraissent à l'extrême-droite beaucoup trop étendus, tandis que le régime centralisateur de l'Empire a les sympathies de la gauche et du centre droit. M. de la Bourdonnaye, après avoir demandé, dans la loi de 1817, une représentation plus étendue de la nation, s'élève contre le projet du gouvernement, qui laisse aux agents du pouvoir une influence prépondérante sur les opérations électorales : il critique la nomination des présidents des collèges par le roi et l'établissement des listes par les préfets. Bref, le chef des ultras veut que le vote devienne une expression sincère et libre de la volonté générale et ce but était bien celui qu'avaient tenté les législateurs de la Révolution.

Mais théories et projets n'avaient de libérale que l'apparence et le second degré d'élection était destiné à supprimer en fait le caractère démocratique d'un cens peu élevé. Bien plus les contribuables à cinquante francs, composés en majorité de fermiers et de petits propriétaires, étaient à la discrétion de la noblesse des campagnes, et l'élection indirecte donnerait à celle-ci la haute main sur les collèges du premier degré et comme « un patronage rural » destiné à lui assurer le pouvoir. Ce but n'était pas dissimulé par M. de la Bourdonnaye lorsqu'il prenait en main la cause des petits contribuables dans la discussion de la loi de 1817 : « Si la classe des petits propriétaires était appelée, disait-il, attachée par une corrélation de services et de besoins à la grande propriété, elle ferait contrepoids à la classe moyenne ».

Mais quand, en 1819, la question électorale est de nouveau mise en question les ultras n'hésitent pas à découvrir leurs véritables projets : ils font ressortir l'inégalité créée par la loi de 1817 au détriment des grands propriétaires.

Le gouvernement se rapproche d'eux, en 1820 la constitution du second ministère Richelieu, puis le ministère de Villèle les portent au pouvoir. Le vote de la loi électorale de 1820 consacre leur victoire. Ils ne se préoccupent plus d'assurer le vote des petits contribuables ; mais il leur faut accorder un privilège aux plus imposés et créer ainsi une nouvelle aristocratie. Il est urgent d'enlever la prépondérance électorale aux classes moyennes, dont les tendances libérales sont une menace pour le trône, et d'appuyer solidement la Monarchie sur la grande propriété.

Dans les débats de la loi de 1820, tandis que certains royalistes comme le chancelier Pasquier, Lainé, de Villèle et de Serre se contentaient de faire face aux objections que soulevaient la création d'un collège de plus imposés et l'inégalité entre les électeurs, les exaltés du parti trouvaient encore le projet trop démocratique. M. de la Bourdonnaye soutenait que le nouveau projet était trop peu favorable à la grande propriété, qu'il était surtout destiné à accroître l'influence des industriels et des commerçants aux dépens de celle-ci. N'est-ce pas à la propriété territoriale qu'une bonne Constitution doit accorder la prépondérance ? il faudrait donc admettre au calcul du cens les seules contributions foncières. La véritable cause de cette défiance contre les patentés n'était pas ouvertement avouée, c'est qu'ils constituaient la majorité de cette bourgeoisie riche qui n'avait adhéré à la Monarchie qu'à la condition de garder intact le nouvel ordre social né de la Révolution. Aussi, la Charte ne jouissait-elle pas d'un grand crédit parmi les ultras, et ce n'est sans doute pas avec beaucoup de conviction qu'ils défendaient leurs projets d'organisation électorale contre le reproche d'être en désaccord avec la Charte.

Cet antagonisme de l'extrême-droite et de la gauche n'empêcha pourtant pas, lorsque l'occasion parut propice pour faire échec au ministère, une alliance entre les deux partis : c'est un pacte de ce genre qui, en 1819 assura le succès électoral de l'abbé Grégoire.

Quand après 1820, grâce à la loi du double vote, le parti ultra-royaliste se fût définitivement emparé du pouvoir, quand les ministères successifs de Richelieu et surtout de Villèle furent à leur entière dévotion, ils reprinent avec plus d'âpreté que jamais l'exécution de leurs projets contre-révolutionnaires (1). En 1824 les journaux libéraux traçaient de ce programme cet aperçu inquiétant: « Donner l'état-civil au clergé ; rétablir les jurandes et les maîtrises ; enlever aux patentés leur influence politique ; introduire dans la législation un moyen de fonder une aristocratie territoriale ; indemniser les émigrés ; mettre des entraves législatives à la division des propriétés ». (2) De nombreuses conspirations furent la réponse du pays à ces provocations.

La « Chambre retrouvée » élue en 1824 pour sept ans commença, d'accord avec le gouvernement, à réaliser l'œuvre de réaction qui avait échoué en 1815. Mais les ultras

1. « Voilà donc, disait *la Quotidienne* après les élections de 1824, la France déblayée, le gouvernement représentatif purgé d'une opposition contre nature... L'œuvre des royalistes n'est pas finie, elle commence ».

2. *Histoire générale de Lavisse et Rambaud*, t. X, p. 20.

eux-mêmes y mirent obstacle par leurs exigences sans cesse croissantes qui rendirent nécessaire la dissolution de 1827.

Dans le conflit entre le roi et la Chambre, causé par l'adresse et la réélection de 221, la tactique parlementaire de l'extrême-droite n'est pas moins curieuse à observer que son attitude dans la question électorale. Elle qui, en 1815, n'avait cessé de réclamer toutes les garanties du gouvernement de cabinet, des ministres choisis dans les Chambres et leur maintien subordonné à un vote de confiance du Parlement, la voilà qui affirme la volonté souveraine et absolue du roi. Un publiciste du parti ne déclarait-il pas « qu'un prince est un propriétaire indépendant qui administre ses propres affaires », que même il « n'est pas obligé de tenir son serment ». Les journaux d'extrême-droite poussèrent M. de Polignac dans la voie fatale du coup d'Etat : « Il est des circonstances, disait la Quotidienne, où le pouvoir du roi peut s'élever au-dessus des lois... Souverain maître et seigneur, le roi ne doit compte de ses raisons à personne ». Ils trouvaient un argument dans l'article 14 de la Charte qui, permettant au roi de faire les règlements et ordonnances, lui fournissait une arme précieuse contre une assemblée insoumise. D'ailleurs la Charte elle-même, source du droit public, n'était-elle pas l'œuvre du roi et cette paternité ne lui conférait-elle pas le pouvoir de gouverner sans l'assentiment des députés ?

En résumé, après avoir préconisé la liberté des élections et l'indépendance des Chambres pour arriver au pouvoir, les ultras ne cherchèrent qu'à étouffer cette liberté pour s'ériger en aristocratie de gouvernement par la loi du double vote. Ils n'avaient pas observé qu'on ne saurait revenir impunément sur de telles concessions, et cette faute grave, jointe à leurs violences réactionnaires, eut pour conséquence la révolution de 1830.

CHAPITRE PREMIER

La loi du 5 février 1817.

SECTION I. — *Projets antérieurs à l'ordonnance du 5 septembre* 1816 ; — *la Chambre introuvable.*

La Charte n'avait pu recevoir une application immédiate dans les élections, les détails d'organisation devant être réglés par une loi. L'ordonnance du 13 juillet 1815 prononçait la dissolution de la Chambre des députés de l'Empire et établissait de nouvelles règles qui n'avaient rien de commun avec celles de la Charte afin que les élections « servissent comme d'expression à l'opinion actuelle ». Ainsi, le roi lui-même ne regardait pas la Charte comme une œuvre immuable, mais, au contraire, comme un acte accessible aux modifications qu'imposeraient les leçons de l'expérience et les vœux bien connus de la nation. D'après l'ordonnance du 13 juillet, les élections étaient à deux degrés, chaque collège d'arrondissement proposant un nombre de candidats égal à celui des députés à nommer et les députés étant choisis par les électeurs de département parmi ces candidats. Les conditions censitaires de la charte sont complètement mises de côté pour faire appel au système de l'Empire : Les électeurs des collèges d'arrondissement n'avaient à satisfaire à aucune obligation de cens ; quant aux électeurs des collèges de département, ils devaient être choisis sur la liste des plus imposés. Le privilège électoral établi par le décret de 1806 au profit des membres de la Légion d'honneur subsistait avec cette restriction qu'ils devaient, pour faire partie des collèges de département, payer une contribution directe de 300 francs. Les collèges qui n'étaient pas en nombre, devraient, comme sous l'Empire, être complétés par les préfets, (ordonnance du 21 juillet 1815).

Enfin, parmi les articles de la Charte qui seraient, par la suite, « soumis à la révision du pouvoir législatif », figuraient les dispositions déterminant le cens électoral et le cens d'éligibilité.

Les élections qui eurent lieu en août 1815 amenèrent au pouvoir la Chambre introuvable que son royalisme outré fit prendre en aversion par le roi lui-même. Autant la chute du parti napoléonien avait été profonde après Waterloo, autant le triomphe des royalistes avait été facile. Ils étaient le seul parti organisé en province et les adjonctions d'électeurs leur avaient encore été favorables. En outre, les candidats avaient été prévenus que l'indemnité de 10.000 francs allouée aux députés, serait désormais supprimée, ce qui fit perdre « quelques hommes de mérite et d'un fort bon esprit (1). »

Ardent dans sa colère et implacable dans ses haines, exaspéré par les misères de l'exil et par les duretés de

1. *Mémoire du Chancelier Pasquier*. T. III p. 144.

la spoliation, le parti ultra-royaliste était hanté par les mauvais souvenirs de la Révolution ; sa chûte soudaine aux Cent Jours l'avait encore irrité davantage, et il réclamait partout en 1815 « des fers, des bourreaux ; des supplices » (de la Bourdonnaye) ; de là, les procès politiques et les massacres du midi. La nouvelle Chambre proposa même de supprimer certaines institutions formellement garanties par la Charte, telles que la dette nationale, l'inamovibilité de la magistrature et elle exigea la restitution des biens nationaux. La Chambre des Pairs s'opposa à ce bouleversement.

Le dissentiment ne tarda pas à naître directement entre Louis XVIII et les députés. Le roi ayant choisi seulement trois de ses ministres dans l'extrême-droite, la majorité de la Chambre protesta, demandant le gouvernement parlementaire : mais la question électorale porta le conflit à l'état aigu.

1° *Projet Vaublanc* (18 décembre 1815).

En exécution de l'ordonnance du 13 juillet 1815, le gouvernement déposa un projet relatif à la nomination des députés. M. de Vaublanc, dans l'exposé des motifs, indiquait sans embages, le but poursuivi : « Dans un gouvernement monarchique, tous les pouvoirs doivent être subordonnés et dépendants. Or quel pouvoir est plus important que le pouvoir électoral? *Quel pouvoir serait plus dangereux pour la Cour s'il abusait de son influence? Il faut donc que ce pouvoir soit subordonné et dépendant* ». Aussi, à l'exemple de l'Empire, le projet faisait de l'élection un rouage accessoire de la machine administrative. Le suffrage était à deux degrés : des collèges de canton comprenant les soixante contribuables les plus imposés et certains fonctionnaires de la circonscription nommaient les électeurs de département dans une proportion variant de 150 à 200. A ces derniers venaient se joindre comme électeurs de droit les archevêques et évêques, les soixante plus imposés aux contributions directes, les dix plus imposés parmi les négociants et manufacturiers du département et certaines catégories de fonctionnaires. Les collèges de département procédaient à l'élection des députés.

2° *Projet de la Commission.*

La Commission de la Chambre ne discuta même pas le projet du gouvernement et substitua un plan d'organisation électorale qui préconisait l'indépendance des collèges (1). Elle proposait la réunion d'Assemblées cantonales composées de tous les citoyens âgés de vingt-cinq ans et payant cinquante francs de contributions directes. Ils étaient au nombre d'environ deux millions. Elles choisiraient de 150 à 300 électeurs de département parmi les contribuables de 300 francs âgés de trente ans. Dans des réunions ainsi formées, la violence des Assemblées de la Révolution n'était pas à craindre, les groupes

1. Pourquoi disait le rapporteur M. de Villèle, si on admet des électeurs de droit, ne pas instituer aussi des députés de droit ?

électoraux n'étant pas trop nombreux et les choix pourraient se faire en toute liberté.

Mais, dès l'ouverture de la discussion M. de Serre soulève la question constitutionnelle, conteste à la Chambre le droit de réviser une article de la Charte de sa propre initiative et demande avant de pousser plus loin la discussion que la Commission fasse son rapport sur le projet du gouvernenement. Ces conclusions sont adoptées.

Les opinions émises au cours des débats se partageaient entre le projet de la Commission favorable au principe de la libre représentation et vigoureusement soutenu par l'extrême-droite et le plan élaboré par le gouvernement dont les tendances réactionnaires s'inspiraient du système électoral de l'Empire. Il convient pourtant de mentionner l'avis de M. Beugnot qui se montrait partisan du vote direct des électeurs à 300 francs réunis en collège de département et posait ainsi, à l'abri de la Charte, le premier jalon de la loi de 1817.

3° *Nouveau projet de la Commission.*

Dans un nouveau projet, la Commission proposa l'abaissement du cens électoral à 25 francs pour le premier degré. Mais, rejetant les vains prétextes, dans le but d'assurer la prépondérance électorale de la grande propriété elle décidait que les citoyens les plus imposés du dépar-

1. Si les députés ne sont pas nommés par la nation, disait M. de la Bourdonnaye, comment pourra-t-on voir en eux les organes de l'opinion nationale ?

tement auraient de droit entrée aux collèges du second degré, jusqu'à concurrence du tiers du nombre des électeurs exigé par la loi. Le roi pourrait aussi leur en adjoindre un dixième, choisi parmi les habitants du département qui rempliraient les conditions fixées par la Charte. Cette dernière règle était une concession faite au gouvernement.

Adopté par la Chambre des députés, ce projet fut écarté par les Pairs, en majorité hostiles à la conception de l'électeur fonctionnaire.

Aucune loi électorale n'étant votée, les ordonnances des 13 et 21 juillet 1815 restaient en vigueur et le renouvellement partiel de la Chambre en 1816 devait s'opérer d'après leurs dispositions. Mais la Chambre introuvable ne l'entendait pas ainsi ; elle tenait avant tout à garder le pouvoir pour réaliser son vaste programme de contre-révolution et le renouvellement total lui paraissait nécessaire pour conserver une majorité durable. Aussi le 4 avril, M. de Villèle soumit à la Chambre réunie en comité secret, un projet d'adresse au roi pour demander une loi sur les élections. La Chambre l'adopta, mais le Gouvernement ne voulut pas l'accueillir et déposa un projet qui maintenait purement et simplement les ordonnances de 1815 et passait sous silence la question du renouvellement de la Chambre.

Celle-ci nomma une commission hostile au cabinet et, après de vifs incidents parlementaires qui provoquèrent la démission du président M. Laîné, elle adopta une résolution portant que « les collèges électoraux ne pourront être appelés à aucune autre élection que celles qui seraient rendues nécessaires par une dissolution de la Chambre ». La majorité ultra-royaliste comptait bien que le roi ne s'arrêterait pas à une décision aussi grave et qu'il céderait devant une opposition aussi catégorique.

C'est dans ces conditions que l'ordonnance du 5 septembre 1816 mit fin au conflit, en prononçant la dissolution de la Chambre. Elle réduisait le nombre des députés à 258, comme en 1814 : c'était un coup d'Etat assez semblable à celui que devait tenter Charles X en 1830, mais Louis XVIII avait pour lui l'opinion publique, ainsi que le montrèrent les élections de 1816.

Le roi annonçait sa ferme volonté de ne pas modifier la Charte, « base du droit public en France et du repos général ». Il admettait des règles très larges pour le calcul du cens et s'assurait une forte majorité à la Chambre Haute par la création de nouveaux Pairs.

Ainsi disparaissait cette Chambre qui, pour être restée « la plus impopulaire de toutes les Chambres » n'en a pas moins « rompu avec les traditions de la servilité impériale et aussi, en exagérant parfois les principes, contribué au développement du gouvernement parlementaire ». (Duvergier de Hauranne).

Section II. — *Travaux préparatoires.*

La Chambre élue après l'ordonnance du 5 septembre 1816 fut composée en majorité de royalistes modérés, car les ultras avaient été presque partout battus. La politique du centre prévalut, politique de transaction et de pacification dont le roi promettait l'application (1).

La question électorale allait de nouveau se poser. Néanmoins, puisque Louis XVIII avait décidé de maintenir intacte la Charte de 1814 avec le cens électoral et le cens d'éligibilité, il semblait qu'il ne restât plus à régler qu'une organisation de détail, dont la charge imcombait au gouvernement. Or la Charte ne se prononçait pas formellement en faveur du suffrage direct: L'article 35 prescrivait seulement l'élection de la Chambre des députés « par des collèges électoraux dont l'organisation sera déterminée par des lois », et l'article 40 déterminait les électeurs censitaires « *qui concourent* à la nomination des députés ». Le concours ne pouvait-il pas désigner des électeurs du second degré, à choisir par des citoyens moins imposés? La question de l'élection directe et de l'élection indirecte restait donc indécise, et par elle, un point important du problème censitaire était encore à éclaircir.

Projet du gouvernement (28 novembre 1816).

Le projet déposé par M. Laîné, ministre de l'Intérieur, se montrait favorable à l'élection directe qui, seule, « crée entre les électeurs et les députés des rapports immédiats qui donnent aux premiers plus de confiance

1. « Que mon peuple soit bien pénétré de mon inébranlable fermeté pour réprimer les attentats de la malveillance et *pour contenir les excès d'un zèle trop ardent.* Disc, d'ouverture (4 nov. 1816) cité par le Chancelier Pasquier, *op. cit.* T. IV p. 133.

dans leurs mandataires, aux seconds plus d'autorité dans l'exercice de leurs fonctions ». Suivant l'avis précédemment exprimé par M. Beugnot, il convenait de réunir les électeurs du département en une seule assemblée, sauf, à la diviser en sections d'au moins 300 électeurs lorsqu'elle comprendrait plus de 600 membres.

Ce projet était très large pour le calcul de l'impôt qui conférait la capacité politique et la plupart de ses dispositions libérales ont été reproduites dans le texte définitif de la loi de 1817.

A l'objection tirée du nombre trop faible des électeurs de la Charte, l'exposé des motifs répondait que la condition de payer 300 francs ne restreignait pas beaucoup le droit de vote, ce qui était une affirmation matériellement inexacte, et que divers projets concernant l'élection des conseils locaux étaient en préparation.

Rapport de la commission et débats.

Malgré sa préférence pour le suffrage indirect, la Commission se rallia au projet du gouvernement. Elle se contenta, sous l'influence persistante des doctrines physiocratiques, d'y introduire, pour le calcul du cens, quelques dispositions secondaires en faveur de la propriété foncière.

La loi électorale devait avant tout, se conformer à l'esprit de la Charte : la création des électeurs à 300 francs a eu pour but d'associer à la vie politique les classes les plus intéressées au maintien d'une « liberté juste et raisonnable », car la propriété et l'aisance industrielle sont, en somme, des garanties de l'esprit conservateur. Par suite, la condition du cens de 300 francs doit être exigée de tous les électeurs, et on ne peut songer à établir, en fait, le suffrage à deux degrès, à cause du petit nombre de votants admis aux assemblées cantonales.

Les débats mirent aux prises deux partis qui cherchaient à accaparer le pouvoir, beaucoup plus qu'ils ne furent l'occasion de théories politiques véritables. Sous prétexte d'assurer une représentation plus large de la nation, les ultras, fidèles à leur tactique de 1815, demandent deux degrés d'élection. Ils font ressortir le danger des assemblées électorales nombreuses, le désordre causé par l'affluence des votants vers les grandes villes, enfin la crainte de voir la législature devenir « l'apanage » des commerçants résidant au chef-lieu aux dépens de la propriété foncière.

Les royalistes modérés et les libéraux, au contraire, soutenaient le projet du gouvernement tantôt en prenant, comme Royer-Collard, la Charte pour dogme, tantôt en espérant, à l'exemple de Camille Jordan, voir aboutir des dispositions plus libérales encore. En réponse aux critiques de la loi proposée, il leur était facile de démontrer combien était vaine l'appréhension des « armées électorales » ; de discrètes allusions à la période révolutionnaire leur aidaient à prouver l'ignorance de la multitude, sa tendance à se laisser « entraîner par les séductions des démagogues ». (Royer-Collard). Comme à l'époque de la Chambre introuvable, tandis que l'ancienne noblesse prenait la défense des principes de la Révolution, la bourgeoisie se retranchait derrière les prescriptions de la Charte.

Le projet de la Commission fut adopté par la Chambre. Un amendement qui n'admettait au scrutin que les contribuables les plus imposés du département fut repoussé. Un autre amendement établissait l'élection à deux degrés, (des collèges d'arrondissement composés d'électeurs à 300 francs choisissaient les véritables électeurs parmi les plus forts propriétaires), échoua également, quoique à une faible minorité. L'ensemble de la loi fut voté par 132 voix contre 100 le 9 janvier 1817.

De la discussion à la Chambre des Pairs il ne sortit pas d'arguments nouveaux, bien que la modération dans les paroles n'y fût pas toujours observée (1). Cependant, il convient de mentionner l'éloquent plaidoyer du duc de Broglie en faveur de la loi proposée qui «répudiait franchement l'héritage du gouvernement impérial ». Examinant la question sous son vrai jour, l'orateur montrait « la supériorité d'un système électoral où 120.000 Français étaient réellement représentés, sur celui qui admettrait deux millions d'hommes aliénant leurs droits à l'aventure » D'autre part les conditions de la Charte étaient assez rigoureuses sans qu'on y ajoutât encore, en accor-

1. Ainsi le marquis de Rougé divisait les électeurs à 300 francs en huit parties : « 1/8 ne fait qu'un avec le gouvernement légitime. Dans les 7/8 restant se trouvent des hommes enrichis par des voies illicites... On verra dans une assemblée de 500 à 600 électeurs la moitié ou les trois quarts consulter, pour choisir les députés, une douzaine d'individus auxquels aucun de nous ne voudrait confier l'administration de ses affaires ni peut-être la clef de sa porte ».

dant un privilège aux plus imposés. Le cens égal pour tous, avec le nombre variable des électeurs pour conséquence, tel est le grand avantage de la nouvelle loi, avantage qui permettra « d'organiser l'élément démocratique assez fortement pour qu'il puisse se placer à son rang et se maintenir sans être subjugué » La Chambre haute vota l'impression de ce discours et adopta la loi sans modification.

Section III. — *Dispositions et appréciation.*

La grande innovation de la loi de 1817 a été d'établir l'élection directe qui avait figuré seulement dans la Constitution non appliquée de 1793. L'article 7 dispose, en effet : « Il n'y a dans chaque département qu'un seul collège électoral » qui « nomme directement » au scrutin de liste les députés à la Chambre. En supprimant « l'aristocratie viagère » des collèges électoraux qui élevait « une barrière entre le peuple et la représentation (1), l'article 7 donnait à cette représentation « une source vraiment nationale ». C'est à ce titre surtout que la loi tout entière devait son caractère libéral et la complète adhésion de l'opinion publique.

Pour être électeur, il faut être Français majeur de trente ans, jouir de ses droits civils et politiques et payer 300 francs de contributions directes. Le principal et les

1. Benjamin Constant. *Etude des reproches adressés à la loi de 1817 dans les Réflexions sur la Constitution.* T. II p. 182 et s.

centimes additionnels payés dans tout le royaume, concourent au calcul du cens électoral. On tient compte au mari de tous les impôts directs payés par sa femme, même non commune en biens, et au père de ceux qui sont payés sur les biens de ses enfants mineurs lorsqu'il a la jouissance de ces biens (art. 2). Ces règles atténuaient dans la mesure du possible les dispositions rigoureuses de la Charte.

En principe, le domicile politique correspond au domicile réel; cependant l'électeur peut demander son inscription dans tout département où il est contribuable; mais sa déclaration n'a d'effet que six mois après sa transmission aux préfets des deux départements en cause, et ce transfert de domicile n'emporte l'exercice des droits d'électeur que s'il n'en a pas été fait usage pendant les quatre années antérieures. Cette restriction introduite par la Commission de la Chambre des députés avait pour but de prévenir les fraudes résultant du vote multiple.

Les électeurs du département, se réunissent en une seule assemblée lorsque leur nombre n'excède pas 600, sinon, ils forment plusieurs sections d'au moins 300 membres chacune.

L'élection a lieu à la majorité absolue dans les deux premiers scrutins. S'il reste ensuite des députés à nommer, le bureau dresse, en nombre double des sièges à pourvoir, une liste obligatoire des candidats qui, au second tour, ont obtenu le plus de suffrages. Une disposition semblable est, de nos jours, en vigueur dans les Etats qui ont la représentation proportionnelle.

Sur la demande de M. de Villèle, il était décidé que

les députés ne recevraient ni traitement, ni indemnité.

Le plus grand reproche qu'on pût adresser à la loi de 1817 consistait dans le nombre trop faible des électeurs : il ne dépassait pas 110.000, et le chiffre total des éligibles était un peu plus de 18000, tandis que la population de la France s'élevait à 26 millions d'habitants. Cependant les libéraux se ralliaient à ses dispositions, et Benjamin Constant déclare que si : « le paiement de 300 francs de contributions directes suppose incontestablement un revenu trop élevé, on ne peut en accuser le projet de loi ; la Charte est notre règle, elle ne peut être modifiée » (1). Les autres défauts signalés par l'extrême-droite se rapportaient aux opérations du scrutin plutôt qu'à l'organisation électorale proprement dite.

Suite naturelle de l'ordonnance de 1816 « la loi de 1817 mit la France sur la voie d'un progrès continu vers la liberté » (2). Dès lors, commence une vie politique régulière, plus de conflit entre le roi et la Chambre, celle-ci se consacre à la solution des problèmes financiers et pose les règles du budget qui nous régissent encore aujourd'hui. L'année 1819 voit aboutir la loi sur la presse qui supprime la censure et attribue au jury la compétence des procès de presse.

Aussi, la bourgeoisie, après avoir empêché le déchaînement de la réaction ultra-royaliste, pouvait-elle à cette époque se considérer comme le représentant naturel de tous les intérêts, « car au-dessus, c'était un besoin de

1. V. B. Constant, *op. cit.*, p. 191.

2. Bardoux. *La bourgeoisie française*, p. 210.

domination contre lequel il fallait se tenir en garde ; au-dessous c'était encore l'ignorance et l'inaptitude aux fonctions électives » (1). Mais cet élan généreux vers la liberté politique qu'il convenait de stimuler en élargissant progressivement le système électoral, fut, au contraire, paralysé par la loi du double vote.

1. Bardoux, p. 215.

CHAPITRE II

La loi du 29 juin 1820, dite du double vote.

LA QUESTION DE LA MODIFICATION DE LA LOI DE 1817.

Par la force des choses, l'antinomie entre les deux principes du droit divin et de la souveraineté populaire que la Charte, et après elle, la loi électorale s'étaient efforcées d'atténer, se manifestait de jour en jour avec plus d'évidence. Le gouvernement parlementaire, écarté par des précautions multiples, prenait pied sur la scène politique ; en vain, le petit nombre des députés, le renouvellement partiel, le refus de l'initiative législative, étaient-ils destinés à faire de la Chambre un « rouage extérieur », un grand comité consultatif, chargé de voter l'impôt et de résoudre les problèmes financiers, celle-ci « s'est frayé hardiment sa route vers le pouvoir ; elle a marqué elle-même sa place au pied du trône, comme *le principal conseil du Monarque et l'organe essentiel de son gouvernement.* »

Par les « voies détournées » du droit d'amendement et de l'examen des pétitions, la Chambre avait acquis une initiative pleine et entière, et sa collaboration assidue

1. V. Discours de M. Broglie à la Chambre des Pairs, 26 juin 1820.

devenue une condition indispensable à l'existence des ministères. Les revendications maladroites des ultras en 1816 avaient été reprises par la Chambre issue de la loi de 1817 d'une façon si constante qu'il n'était « plus question de créer un ministère en dehors des Chambres ». La cause de cette omnipotence parlementaire était en général, attribuée au principe de l'election libre, « principe trop vigoureux et trop énergique pour qu'il fût possible de l'enlacer dans des entraves purement réglementaires ».

Du reste, cette lutte entre des conceptions politiques opposées, était la conséquence d'une évolution générale, beaucoup plus que le résultat accidentel de circonstances particulières à la France. « Partout en Europe, écrit M. Duvergier de Hauraune, le principe monarchique et le principe populaire paraissaient prêts à se livrer un combat décisif... Dans ces conditions, chacun sentait que les votes qui auraient lieu, auraient une influence sur toute l'Europe ». Aussi, la question électorale, en soulevant un problème constitutionnel d'une portée si vaste, n'a-t-elle jamais été débattue avec autant de vivacité qu'à cette époque.

Par suite de quelles circonstances la loi sur les élections, accueillie avec faveur par le pays, allait-elle être modifiée? C'est que son application n'avait pas été à l'avantage des royalistes purs. Leur échec au renouvellement partiel de 1817 s'était accentué chaque année, et le parti libéral, à peine représenté au début, mais fortement organisé en vue des élections, comptait en 1819 quatre-vingt-dix de ses membres à la Chambre des députés.

L'élection à Grenoble du régicide Grégoire, ancien membre de la Convention et évêque constitutionnel, eut alors un immense retentissement. Bien qu'obtenue par la coalition de la gauche et de l'extrême-droite (1), ce fut sur les libéraux que se porta toute l'indignation royaliste (2).

Puis l'assassinat du duc de Berry (13 février 1820), dont le parti libéral fut rendu responsable à tort, favorisa les desseins réactionnaires des ultras et contribua au vote de la loi de 1820, malgré la résistance opiniâtre des libéraux et des doctrinaires.

Préparée dans les réunions que tenait la droite chez le Cardinal de Bausset, la première proposition tendante à modifier la loi électorale fut soumise à la Chambre des Pairs par M. Barthélémy, (20 février 1819). Le duc Decazes la combattit « comme la plus funeste qui put sortir de cette enceinte ». Après la discussion très ani-

1. Le premier tour de scrutin n'avait pas donné de résultat ; Grégoire avait eu 460 voix, le candidat ministériel 350 et le candidat de la droite 220. Au second tour, le nombre de votants fut presque identique, mais Grégoire obtint 548 suffrages tandis que le candidat de la droite n'en n'avait plus que 110 ; le candidat officiel en obtenait 362. Ainsi près de 100 électeurs d'extrême-droite avaient préféré reporter leurs voix sur Grégoire, plutôt que de voter pour le candidat du ministère. V. Thureau-Dangin, *Royalistes et républicains*, p. 178.

2. La colère des journaux royalistes n'allait pas sans une secrète joie, car ils en profitaient pour attaquer la loi de 1817 : « N'accusons pas l'abbé Grégoire, s'écriait Chateaubriand, *accusons le ministère et son épouvantable loi !*

mée qui avait suivi cette déclaration de guerre au ministère, la proposition fut adoptée par 98 voix contre 55. Le Cabinet riposta par la création d'une fournée de soixante pairs, ce qui lui assurait une majorité solide dans la Haute Assemblée.

A la Chambre des députés, au contraire, Laffitte demande le vote d'une adresse favorable au maintien du système électoral, cette adresse est repoussée à une très forte majorité, la proposition Barthélemy ne trouve pas plus qu'elle grâce devant les députés. Mais le premier pas est fait, et la question électorale une fois posée reste à l'ordre du jour. Chaque parti prend position dès le début : tandis que les ultras prodiguent les attaques contre la loi de 1817, libéraux et doctrinaires prennent résolûment sa défense (1). Après avoir longtemps hésité, le roi annonçait dans la séance du 29 décembre 1819, son intention de sauver de la licence les libertés publiques et

1. Aux bruits encore vagues d'une modification électorale, Royer Collard répond par un éloge de ces grandes réunions tant redoutées où ont régné «l'ordre et le calme», prouvant ainsi par « des élections libres et nationales, l'union du peuple et de son roi ». Puis, Benjamin Constant, démasquant le but réactionnaire poursuivi par l'extrême droite, sous le couvert de l'extension du suffrage, occupe le projet Barthélemy, d'établir « la domination de l'oligarchie dans un régime libre », et il montre que le retour aux « privilèges » sera la conséquence de cette création « des seigneurs et des serfs, des grands propriétaires et des hommes sans propriété, parce que l'on sait que la *misère est ignorante et que l'indigence est accessible à la séduction* ». La meilleure solution est de « *laisser les institutions se consolider. Quand la liberté s'affermit, elle s'étend* » V. De la proposition de changer la loi des élections, 1819.

d'affermir la Monarchie. En réponse au discours du trône, des pétitions signées de 19000 citoyens, demandaient le maintien de la loi de 1817 : Aussitôt après l'élection de Grégoire, M. de Serre avait élaboré une nouvelle réglementation des élections, qui fut le point de départ de la loi du double vote.

Section I. — *Travaux préparatoires.*

1° *Projet de Serre* (1).

Bien qu'il ne vint pas en discussion, ce projet n'en inspira pas moins ceux qui suivirent, en tant qu'il établissait à la fois le double collège électoral et le vote multiple. Les assemblées électorales s'y subdivisent, en effet, en collèges de département accessibles aux français qui paient 600 francs de contributions directes et en collèges d'arrondissement pour lesquels suffit le cens de 300 francs prescrit par la Charte. Les électeurs de 600 francs peuvent voter à la fois dans les deux collèges. La Chambre devait être composée de 456 députés âgés d'au moins 30 ans et élus pour 7 ans.

2° *Projet Decazes* (15 février 1820).

Après des négociations nécessitées par les exigences de la droite, le duc Decazes, ministre de l'Intérieur, déposa

1. V. Charles de Lacombe. *Le comte de Serre sa vie et son temps.* T. II, p. 61 et s.

à la Chambre un projet dans lequel il se faisait l'écho des alarmes royalistes. Son but était « d'arrêter le torrent prêt à envahir le trône et nos libertés, *en élevant sur les bases de la propriété l'autorité préservatrice de la chambre.* » Le cens électoral était une garantie de l'esprit conservateur, mais la loi de 1817, conférait un privilège à la classe des contribuables de 300 à 600 francs et créait ainsi, dans le mode de représentation, entre la grande et la petite propriété, une disproportion qui était « une injustice sociale ! ». Pour y remédier, il ne fallait rien moins qu'une « participation spéciale accordée à la grande propriété, plus indépendante et plus éclairée ».

Le projet reproduisait dans ses grandes lignes le plan du comte de Serre, avec une légère aggravation. Les électeurs de département devaient être choisis par les collèges d'arrondissement parmi les contribuables qui payaient au moins 1000 francs d'impôts directs. Au double vote venait donc se joindre l'élection indirecte d'un certain nombre de députés. Mais la Commission de la Chambre, composée en majorité de membres de la gauche, était hostile au projet, et son rapporteur, Royer-Collard, avait toujours vaillamment défendu l'organisation électorale de 1817. La droite elle-même n'était pas satisfaite, et la qualité des collèges ne compensait pas à ses yeux les avantages de l'élection indirecte réclamée par elle pour la totalité de la Chambre.

Le projet fut donc retiré, non sans protestation de la part de la gauche, et un nouveau dispositif fut rédigé, puis présenté à la Chambre par M. Siméon, ministre de l'Intérieur.

3° *Projet Siméon* (17 avril 1820).

Ce projet était donné comme une atténuation du précédent; en réalité il ajoutait encore à la vigueur, et donnait pleine satisfaction à l'extrême droite par l'adoption du suffrage indirect et du double collège électoral qui assuraient la prépondérance des grands propriétaires dans les élections. Le pouvoir des collèges inférieurs était, en fait, réduit à un simple droit de présentation, comme sous l'Empire.

Débats et amendements.

Le rapporteur de la nouvelle Commission, M. Laîné, approuvait sans réserve les dispositions du projet. Commencée le 15 mai, la discussion à la Chambre ne fut close que le 12 juin; elle fut souvent violente et les deux camps, royaliste et libéral, unis aux doctrinaires, déployèrent une ardeur extraordinaire dans cette lutte où pas moins de 135 orateurs se firent entendre.

Cependant, cette discussion était oiseuse car « dans les Chambres, dans la presse, la question avait été examinée sous toutes ses farces; chacun avait des idées arrêtées, c'était comme un champ de manœuvres sur lequel chacun exerçait. *C'était* surtout bien plus des intérêts que des principes que chacun d'eux se préoccupait (1) ». Dans ces conditions on eût pu sans inconvénient suivre le conseil de Benjamin Constant et aller de suite aux voix :

1. *Mémoires du Chancelier Pasquier*, T. IV, P. 334.

La droite n'apportait aucun argument inédit à la défense de sa cause : Les doubles collèges électoraux auraient pour effet de remédier aux abstentions qui s'étaient produites sous l'empire de la loi de 1817, et les avantages politiques conférés à la grande propriété foncière ne seraient qu'une conséquence équitable de leur prépondérance sociale. Ces desseins de suprématie électorale étalés au grand jour nous conduisent loin des discussions de 1816 et de 1817, où le peuple n'avait pas de partisans plus dévoués à ses intérêts que les membres de l'extrême-droite.

Aussi la gauche ne se fit pas faute de dénoncer cette volte-face. Elle ne cessa de montrer les avantages de la loi de 1817 et d'opposer les électeurs à 300 francs aux collèges des plus imposés « formés en grande majorité des classes ci-devant privilégiées ». Les Pairs n'avaient-ils pas adopté une proposition du duc de Lévis, tendante à accorder à chaque propriétaire, la faculté d'ériger en majorat, sans titre, la portion de ses propriétés foncières dont la loi lui permettait de disposer ? Le rapprochement de ces majorats avec les grands collèges électoraux suffisait à démasquer le plan du gouvernement de reconstituer une aristocratie en France.

En général les libéraux eux-mêmes se contentaient de demander le maintien du régime en vigueur, cependant quelques protestations isolées se firent entendre en faveur d'une extension du suffrage contre le principe du cas électoral : « *Cette nombreuse population qui se trouve dans les villes*, disait M. de Demarçay, *qui remplit nos ateliers et manufactures, n'a-t-elle pas des droits à être représentée*? Elle paie des contributions directes ou indirectes beaucoup plus fortes qu'on ne pense. Mais quand elle n'en paierait pas du tout, qu'est-ce qui remplit les cadres de nos armées quand le pays est en danger?... *Nulle autre classe ne sert l'Etat dans des situations plus pénibles, plus dangereuses et moins bien récompensées. Et c'est cette partie du peuple qu'on vous dit n'avoir aucun droit à être représentée* ! » (1). Le cens électoral ne constituait donc nullement une garantie de l'esprit conservateur. Mais la Charte avait tellement imprégné les esprits de cette fausse conception que presque personne ne songeait à la discuter et qu'on était arrivé à regarder la fonction d'électeur comme une conséquence de la propriété.

1° *Amendement Camille Jordan*

Après la clôture de la discussion générale, Camille Jordan déposa un amendement qui tendait à faire nommer directement les députés par les collèges d'arrondissement composés des contribuables à 300 francs.

Il voulait éviter le système des deux degrés et de l'inégalité des suffrages, tout en apportant à la loi de 1817

1. Séance du 24 janvier 1820. Un autre orateur, M. Dalphonse, professait la même doctrine démocratique : « *C'est le peuple qui fait la force des Etats*, qui en supporte la plus grande partie des charges et c'est lui pour lequel on fait le moins. *Combien elle est faible, la part que la Charte lui a laissée dans l'organisation sociale* ».

quelques changements destinés à prévenir les abstentions. A son avis, la discorde née des élections de 1818 et 1819 tenait beaucoup moins à une animosité des pauvres contre les riches qu'à la lutte passionnée des deux partis, l'un partisan acharné, et l'autre adversaire irréductible de la Révolution. Le vote aux chefs-lieux d'arrondissement devait entraver l'influence néfaste des partis dans les élections.

Le ministère était trop engagé vis-à-vis des ultras pour se prêter à cet essai de conciliation.

Tout d'abord se posa la question de priorité entre l'amendement Jordan et une autre proposition insignifiante de M. Delaunay. « La discussion, dit le chancelier Pasquier, fut une bataille acharnée et décisive ». L'amendement Jordan obtint la priorité à une voix de majorité, mais la gauche eut le tort de continuer la discussion qui devint extrêmement violente et eut pour conséquence une non moins violente agitation dans la rue (1). En définitive la proposition fut repoussée à dix voix de majorité.

1. Chaque jour des jeunes gens, la plupart étudiants en droit ou en médecine, venaient faire des ovations aux orateurs de la gauche à leur sortie de la séance. M. de Chauvelin qui, bien que malade, se faisait conduire à la Chambre dans une chaise à porteurs et qui, par son vote, avait déterminé la priorité en faveur de l'amendement Jordan, avait été tout particulièrement l'objet de manifestations sympathiques à l'issue de la séance. Mais le lendemain des officiers de la garde royale insultèrent les jeunes gens qui se trouvaient aux abords du Palais-Bourbon. Des bagarres s'ensuivirent au cours desquelles fut tué un étudiant nommé Lallemand. Ces incidents eurent leur répercussion à la Chambre où Camille Jordan se plaignit de l'incurie du ministère et demanda le châtiment des coupables.

Un nouvel amendement calqué sur le précédent (1) fut déposé pour empêcher l'adoption du projet ministériel ; mais la priorité à son égard avait été repoussée et l'article premier de la loi avait été voté à cinq voix de majorité.

2° *Amendement Boin* (2).

Le centre gauche essaya encore, par l'intermédiaire de M. Courvoisier, au moyen d'une transaction, de faire renoncer le ministère à son plan d'organisation électorale. A cet effet, il proposait de créer une Chambre de 430 députés, dont 172 seraient élus par les collèges, de département et 258 par les collèges d'arrondissement. L'auteur expliquait que cette disposition détruisait l'inégalité électorale résultant de la création des grands collèges et que lui-même ne pouvait admettre le double vote des plus imposés. A cette critique du projet, M. de Serre, qui avait d'abord adhéré à l'amendement, répondit par le maintien pur et simple des dispositions présentées par le gouvernement.

Retiré par M. Courvoisier, l'amendement fut repris par M. Boin et voté malgré l'opposition de la gauche et de l'extrême droite. Le principe de l'élection directe était sauvegardé. Après ces 25 jours de débats passionnés, l'ensemble de la loi fut adopté par 154 voix contre 96.

1. Cet amendement signé de M. Desrousseaux demandait de faire voter tous les électeurs au collège d'arrondissement et d'opérer le recensement au chef-lieu.

2. V. de Barante, vie de Royer-Collard, t. II, p. 55 et s.

La loi fut adoptée par les Pairs à une énorme majorité après quatre jours de débats seulement. L'incident le plus saillant fut un remarquable discours du duc de Broglie (1) qui reste encore la critique la mieux sentie qui ait été faite de la loi du double vote. Aussi convient-il de l'analyser brièvement.

Il s'attaquait surtout aux collèges des électeurs les plus imposés et qui lui paraissaient « basés sur de faux principes ». En effet quel argument sérieux invoquer à l'appui de leur création ?

Est-il raisonnable de prétendre que la grande propriété se trouvant en minorité numérique, « sa tranquillité est menacée » et qu'il devient nécessaire de « l'entourer d'un rempart ? »

Dira-t-on d'autre part que « la propriété surtout foncière est en quelque sorte la souveraine du pays » et que présidant à la distribution des droits politiques, elle ne doit pas y procéder également ?

Or il faut bien se pénétrer de cette idée qu'il n'cxiste pas en France de propriété grande, moyenne, ou petitte dans le sens absolu du terme. « Les différences de fortunes sont insaisissables par la pensée. C'est si vrai que les plus imposés jouissent tantôt de 100.000 francs de revenus, tantôt de 20.000. En tout cas.., aucune classe de la société ne convoite les biens de l'autre. »

Quant à la conception d'une « suzeraineté de la propriété fiancière », elle nous ramènerait au Moyen-Age. Or, « *l'industrie a émancipé les classes inférieures*,

1. Séance du 26 juin 1820, V. *supra*.

elle les a mises sur le pied de traiter de gré à gré et d'égal à égal avec les classes supérieures ; elle a sapé dans les fondements l'édifice de l'ancienne société ».

Le cens électoral constitue un privilège et ne se justifie que s'il est « le signe extérieur de la capacité politique », « le garant de l'éducation de l'indépendance et des lumières » de l'électeur, mais le double vote « éveille la jalousie des électeurs les moins riches », il repose sur un principe absurde ». Les faits démentent d'une manière formelle cette assertion que la propriété foncière offre seule toutes les garanties de capacité. N'est-il pas évident qu' « un marchand de Paris qui paie une patente de 500 francs est, par son éducation, un homme fort au-dessus d'un cultivateur de l'Ardèche ou de l'Aveyron qui paie 500 francs de commission foncière ? »

D'ailleurs il faut être aveugle pour ne pas voir que le système électoral proposé « est hautement impopulaire ». La France ne voit dans ce doublement des collèges, qu'un artifice inventé pour assurer la suprématie politique à un parti », au détriment de la classe moyenne.

L'orateur concluait par le dépôt d'un amendement qui maintenait les collèges de département avec un cens fixe de 500 francs, mais la Chambre des Pairs n'en tint aucun compte et adopta sans modification le texte voté par la majorité des députés.

SECTION II. — *Dispositions de la loi de 1820.*

La loi de 1820 établissait dans chaque département un collège électoral de département et des collèges d'arrondissement (1). Plusieurs exceptions étaient apportées à la dualité des assemblées d'électeurs, motivées par le petit nombre des votants : un seul collège était accordé aux départements qui sous l'empire de la loi de 1817 ne nommaient qu'un député, à ceux qui n'avaient pas plus de 300 électeurs et dans ceux qui, divisés en 5 arrondissements de sous-préfecture n'auront pas plus de 400 électeurs (2).

Les collèges d'arrondissement nomment 258 députés, un par arrondissement. C'était le chiffre admis par la Chambre précédente et ceux de département 172. Tous procédaient par voie d'élection directe. Cette disposition introduite dans l'article 2 était la conséquence de l'adoption de l'amendement Boin.

Est électeur du collège d'arrondissement d'après le même article 2 tout contribuable de 300 francs de contributions directes ayant son domicile politique dans la circonscription électorale. Pour faire partie des assemblées de département il faut être rangé dans le quart le plus imposé des électeurs du département. Or ils figurent déjà dans le collège d'arrondissement comme électeurs à 300 francs et à ce titre ils votent deux fois. Cette application du vote multiple, qui n'a pas été reproduite depuis dans notre législation, valut à la loi de 1820 la qualification de loi du double vote.

1. Ce n'était pas l'arrondissement administratif qui était ainsi désigné, mais un arrondissement électoral dont les limites devaient être fixées par une loi.

2. Ces deux dernières exceptions résultaient d'un amendement présenté à la chambre des députés par M. Dastigaux.

Des règles spéciales étaient admises pour le calcul des contributions : tous les impôts directs sont admis pour la formation du cens de 300 francs, mais on exige que l'électeur ait possédé la propriété foncière, qu'il ait fait la location, qu'il ait exercé son commerce ou son industrie un mois au moins avant l'époque de la réunion du collège électoral. Etaient exemptés de ces délais ceux qui avaient des droits acquis avant la loi de 1820 et les possessions à titre successif. Le but de cette disposition était d'écarter du droit de vote les industriels accusés de tendances libérales.

Aux termes de l'article 5, les contributions foncières payées par une veuve seront comptées à celui de ses fils ou à leur défaut à celui de ses petits-fils qu'elle désignera.

Quant à l'élection même, elle avait lieu au vote secret chaque électeur recevant du président un bulletin qu'il remplissait ou faisait remplir par un autre électeur de son choix. Pour mieux sauvegarder l'indépendance des votants ceux-ci inscrivaient secrètement sur le bureau le nom du candidat qui avait leur préférence (article 6).

Enfin un premier pas était hasardé dans la voie des incompatibilités : l'article 8 disposait que les sous-préfets seraient inéligibles dans l'arrondissement qu'ils avaient pour mission d'administrer.

Le nombre des électeurs n'était pas diminué d'une façon sensible par la loi de 1820, mais les droits de la majorité des électeurs se trouvaient restreints en faveur d'une minorité de grands propriétaires. Le principe d'un avantage aux plus imposés conduisait aux inconséquences les moins justifiables : dans 15 départements le cens excédait pour être électeur la quotité demandée aux éligibles.

La loi du 10 mai 1821 fixa les limites des arrondissements électoraux; les 335 arrondissements adminstratifs étaient répartis entre 247 circonscriptions nommant chacune un député. L'inégalité qui faisait le fond de la loi de 1820 s'y retrouvait aussi choquante. Ainsi, le collège de la Seine qui ne nommait qu'un député, renfermait à lui seul autant d'électeurs que plusieurs autres collèges réunis. Dans certains départements du midi la proportion des députés était impudemment exagérée eu égard au petit nombre d'électeurs; la Corse notamment qui comprenait 36 votants avait deux députés à élire.

Le nombre des électeurs, s'il ne fut pas restreint par des lois électorales, fut réduit indirectement par des dégrèvements de la propriété foncière, et des propriétaires qui étaient électeurs à 300 francs en 1815 ne l'étaient plus en 1820. Le chiffre des électeurs qui était en 1817 de 110.000, n'était plus en 1820 que de 105586 et en 1829 de 88275. Le morcellement de la propriété contribuait aussi à restreindre le nombre de ceux qui participaient aux élections.

En outre le cens d'éligibilité qui subsistait en 1820 comme en 1817, et était fixé par la charte au taux de 1000 francs était une condition propre à réserver à une aristocratie de riches, l'entrée des assemblées législatives. En outre la fonction de député était gratuite, et nécessitait des déplacements coûteux qui n'étaient pas à la portée de tous les contribuables à 1000 francs. Aussi, le nombre des éligibles déjà très réduit par la loi elle-même se trouvait-il parfois insignifiant en fait. Sans doute la Charte déterminait un minimum de 50 éligibles par département par l'adjonction aux contribuables de 1000 francs, des électeurs les plus imposés du département. Mais il faut reconnaître que pour certains départements peu riches comme les Hautes-Alpes, les conditions pour être élu député n'étaient pas équivalentes à celles des autres circonscriptions et que les éligibles n'étaient pas assez nombreux. « Les 3/4 des départements, dit M. Bérenger dans son rapport sur la loi de 1831, ne comptaient pas 100 éligibles, de sorte que le plus souvent, le choix des électeurs pouvait à peine se porter sur 8 ou 10 citoyens et leur députation se composant de 2 ou 3 députés, la loi ne leur offrait réellement pour chacun d'eux qu'une candidature de deux ou trois personnes (1) ».

Section III. — *Conséquences de la loi de* 1820 : *La Révolution de* 1830.

Les élections qui eurent lieu sous l'empire de la loi de 1820 assurèrent à l'extrême-droite aux dépens des libéraux, (2) une énorme majorité à la Chambre des députés. Le ministère profitant des dispositions royalistes des nouveaux électeurs, fit voter la loi du 29 juin 1824 établissant le renouvellement intégral de la Chambre des députés. Il prononça alors sa dissolution, et fit procéder aux élections en exerçant une forte pression officielle.

1. Cité par Weil.

2. Après les élections de 1824 ; les libéraux n'avaient plus que 19 sièges à la Chambre.

L'Assemblée des nouveaux élus mérita le nom de « Chambre retrouvée », et si elle acceptait le régime politique de la Charte, elle comptait bien l'utiliser à son profit, en créant une aristocratie foncière qui réaliserait le programme contre-révolutionnaire tracé par la Chambre de 1815. Le fruit de l'ordonnance du 5 septembre 1816 et de la loi relativement libérale de 1817 se trouvait donc perdu, et la réaction allait pas à pas s'acheminer vers les ordonnances de 1830. La mort de Louis XVIII et l'avènement au trône de Charles X, l'ancien chef des ultras, favorisèrent cette œuvre néfaste. Ainsi furent successivement votées la loi sur le milliard des émigrés (1825), la loi du sacrilège (1826).

La Chambre des Pairs, qui penchait en 1819 vers la droite, prit la défense des principes de liberté méconnus, en rejetant la loi rétablissant le droit d'aînesse, la « loi vandale » sur la presse, et en votant le projet sur le jury qui conférait la fonction de juré, en dehors des électeurs censitaires, aux personnes exerçant des professions libérales. Le ministère répondit à cette opposition par la création de 76 pairs choisis, en grande partie, parmi les députés et, pour obtenir la ratification de l'opinion publique, il prononça la dissolution de la Chambre et convoqua les électeurs dans les 15 jours afin d'empêcher les opposants de s'organiser (novembre 1827).

Mais le mécontentement contre la droite n'avait fait que grandir, la conversion de la rente 5 0/0 en 3 0/0 opérée par M. de Villèle en 1825, avait suscité dans le pays une antipathie très-vive contre le cabinet. Les grands industriels, de tendances libérales, se sentaient menacés par l'aristocratie foncière de la droite : tous les adversaires du cabinet se coalisèrent et 190 candidats de la gauche furent élus. Cette victoire de l'opposition entraîna la chute du ministère de Villèle qui fut remplacé par M. de Martignac, favorable à la politique de conciliation. C'est dans ces circonstances que fut votée la loi de 1828 sur les listes électorales, qui avait pour but d'empêcher les fraudes dans l'inscription des électeurs.

L'extrême-droite, mécontente à son tour, se sépara du gouvernement. M. Cottu en 1828 dans une brochure qui traitait « des moyens de mettre la Charte en harmonie avec la royauté » proclamait le droit divin et demandait la constitution d'un corps électoral en grande partie héréditaire, investi de pouvoirs particuliers. » Le *droit de changer le système électoral*, y lisait-on, *appartient au roi, héritier de l'auteur de la Charte et en qui réside le pouvoir constituant tout entier.* Toute délégation par le roi de ce pouvoir serait nulle de plein droit, comme contraire au principe même de la souveraineté » (1). Le pouvoir constituant que Louis XVIII avait soigneusement dissimulé derrière des artifices de rédaction était « brutalement étalé comme une doctrine fondamentale » (2) et l'article 14 de la Charte allait servir de prétexte à un véritable coup d'Etat : ainsi « de syllogisme en syllogisme on marcha droit aux ordonnances et à la révolution de juillet ».

Le ministère, présidé par M. de Polignac, ancien émigré

1. Cité par Duvergnier de Hauranne, *op. cit.*, T. X.

2. Carné, *Le Gouvernement représentatif en France*. T. II. p. 44.

tout dévoué à la politique des ultras se prêta à ces projets néfastes dont le conflit du roi avec la Chambre et l'adresse des 221 fournirent le prétexte. (1) Dans le discours d'ouverture de la session de 1830, Charles X mettait comme une menace la prérogation royale en face de l'opposition de la gauche : « La Charte, disait-il, a placé les libertés publiques sous la sauvegarde des drois de ma couronne. *Ces droits sont sacrés.* Si de coupables manœuvres suscitaient à mon gouvernement des obstacles que je ne peux pas, que je ne veux pas prévoir, je trouverais la force de les surmonter dans ma résolution de maintenir la paix publique. » La commission chargée de l'adresse, en réponse au discours du Trône, composée en majorité de membres de la gauche, riposta par l'affirmation très-nette des principes du gouvernement parlementaire, maintenant « comme un droit l'intervention du pays dans la délibération des intérêts publics » et, faisant « du concours permanent des vues politiques du gouvernement royal avec les vœux du peuple, la condition indispensable de la marche régulière des affaires publiques ». Cette adresse avait été signée par 221 membres de la Chambre.

Mais la résolution du roi était immuable et la dissolution était le seul dénouement possible du conflit. Elle fut prononcée après une prorogation de la session au 1er septembre 1830.

Les élections qui eurent lieu assurèrent la rentrée des 221 : c'était la défaite du ministère et sa retraite rendue

1. V. *Mémoires du chancelier Pasquier*, T. V. p. 216 et s.

inévitable. Celui-ci, d'accord avec le roi, était au contraire résolu à résister jusqu'au bout, et il prononça la dissolution de la nouvelle Chambre avant même qu'elle eût été réunie. Le 26 juillet, le *Moniteur* publiait un rapport sur la situation politique de la France, montrant le pays à la veille d'une catastrophe dans laquelle périraient avec la Monarchie et la Religion, tous les principes et les institutions essentielles des Etats. Ce péril venait de la presse périodique, qui n'avait pas craint de contribuer à la réélection de 221 députés insoumis à l'autorité royale, et qui ne tendait à rien moins qu'à recommencer la révolution. En outre les journaux et les sociétés secrètes livraient la majorité dans les élections à une démocratie turbulente, incompatible avec le bon ordre et la stabilité des institutions. Le devoir du roi était de les raffermir et de les asseoir plus solidement. Ce pouvoir naturel du roi se touvait confirmé par l'article 14 de la Charte, qui conférait au souverain le droit de faire les réglements et ordonnances. « Les ministres n'hésitaient donc pas à lui proposer des mesures en dehors de l'ordre légal mais qui rentraient dans l'esprit de la Charte » (1) et ils ne tenaient aucun compte de l'évolution qui s'était produite dans l'ordre politique.

A la suite de ce rapport venaient quatre ordonnances dont l'une modifiait le système électoral. Le nombre des députés était réduit à 258, et les collèges d'arrondissement ne faisaient plus que présenter aux collèges de département des candidats parmi lesquels ceux-ci devaient choi-

1. Duvergier de Hauranne t. X p. 533.

sir la moitié seulement des députés ; les préfets redevenaient maîtres absolus des listes électorales, les patentes cessaient d'être comprises dans le cens et le renouvellement de la Chambre par cinquième était rétabli.

« La liberté de la presse supprimée par ordonnance, dit M. Duvergier de Hauranne, la loi électorale abrogée et refaite illégalement, la Charte violée dans plusieurs de ses articles, tel était en résumé l'acte audacieux par lequel le roi proclamait et manifestait sa prérogative souveraine, au mépris des droits et des vœux de la France. » Mais la mesure était comble et la protestation des journalistes parisiens contre ce coup d'Etat trouva dans l'opinion une adhésion complète qui précipita Charles X de son trône. La Révolution de juillet 1830, ne changea pas seulement une dynastie, elle institua la Monarchie en France sur de nouvelles bases.

CHAPITRE III

Application des lois électorales sous la Restauration (1).

Les élections sous la Restauration se caractérisent par une ingérence abusive du pouvoir central à tous les degrés de la procédure électorale, soit dans la confection des listes, soit dans les opérations du scrutin. Par suite, les députés ne jouissaient pas, vis-à-vis du gouvernement, de toute l'indépendance désirable.

§ 1. — Des listes électorales.

La permanence des listes constitue pour les électeurs une garantie et comme un titre de possession de leurs droits. Or, à cette époque, les noms des électeurs étaient publiés pour chaque élection, et c'est à chaque renouvellement de la Chambre qu'il fallait veiller à son inscription et empêcher l'intrusion des incapables : seul, un contrôle de tous les instants aurait pu être efficace.

1. V. Weil, *op. cit.*

Le préfet était chargé de la confection des listes électorales (1). Après avoir restreint dans d'étroites limites le principe du suffrage, la loi laissait à l'administration le champ libre pour en régler l'exercice à sa fantaisie : Elle n'indiquait en effet ni l'époque, ni le mode de publicité. Les listes pouvaient être dressées à une date aussi rapprochée des opérations du scrutin, que l'exigeait le bon plaisir préfectoral. Toute rectification en temps opportun était rendue impossible et l'administration se montrât-elle ou peu soigneuse ou partiale, que la fraude ou l'incurie ne pouvaient être dénoncées utilement.

Il est vrai que la moyenne des contribuables à 300 francs ne dépassait guère un millier par département et que les électeurs, à raison de leur petit nombre, jouissaient nécessairement d'une certaine notoriété. L'inscription indûment faite ou la radiation non justifiée des électeurs ne paraissait pas à craindre, et le cens devenait une sauvegarde de la sincérité des listes électorales. Cependant il ne supprimait pas l'abus, et l'administration, pour s'y livrer impunément, usait d'un stratagème fort simple : aucun texte n'exigeant l'indication de la localité où les électeurs acquittaient le montant de leurs impôts, on se gardait bien, dans la pratique, de faire figurer cette indication du plus haut intérêt.

Vers 1820, les journaux firent entendre à ce sujet de nombreuses doléances et les libéraux commencèrent une campagne contre le système des listes électorales. Ils s'é-

1. « Le préfet dressera dans chaque département la liste des électeurs qui sera imprimée et affichée ».

levèrent aussi contre l'organisation du contentieux : d'après les articles 5 et 6 de la loi de 1817, le préfet, en conseil de préfecture, statuait sur les réclamations relatives aux listes électorales, et bien que sa décision ne fût que provisoire son effet avait une certaine durée. Quant aux arrêts définitifs, tous ceux qui concernaient la contribution ou le domicile, c'est-à-dire les plus fréquents et les plus importants, étaient rendus par le conseil d'Etat, qui dans la circonstance, ne pouvait guère rester impartial. Aussi le parti libéral s'attaqua-t-il vivement à cette toute-puissance administrative.

Une première concession partielle fut accordée par la loi de 1820 : une plus grande facilité était donnée au public pour contrôler les listes avant l'ouverture des collèges électoraux (1). Celles-ci devaient mentionner l'espèce et la quotité d'impôt, avec le département où l'électeur était propriétaire. Ces progrès étaient encore insuffisants ; l'administration n'avait qu'à indiquer un département éloigné de la circonscription électorale pour dépister les recherches, et dans la pratique, elle ne s'en faisait pas faute. Le Var était souvent choisi à cet effet, si bien que le titre de « propriétaire dans le Var » était devenu synonyme d'électeur par le bon vouloir du gouvernement.

La loi de 1820 ne spécifiait pas à quel endroit la liste

1. « La liste des électeurs de collège sera imprimée et affichée un mois avant l'ouverture des collèges électoraux. Cette liste contiendra la quotité et l'espèce des contributions de chaque électeur avec l'indication des départements où elles sont payées », art. 3. Loi du 29 juin 1820.

serait affichée et dans quelle forme elle serait mise sous les yeux du public ; aussi se composait-elle de placards haut placés et mal écrits. Une loi de 1822 (?) décida que les listes seraient publiées par canton, et que les noms des électeurs y seraient inscrits dans l'ordre alphabétique.

Ainsi le régime censitaire qui, au premier abord aurait dû servir de garantie contre les inscriptions frauduleuses servait souvent dans la pratique à couvrir des abus qu'il était presque impossible de démasquer. Le chiffre des électeurs était très restreint, il devenait aisé aux fonctionnaires locaux de connaître les opinions des notables de la région : ceux-ci se montrent-ils partisans de la politique suivie par le gouvernement, il faut leur conférer le titre d'électeurs même s'ils ne paient pas le chiffre d'impôts exigible, font-ils partie de l'opposition, on se montrera très sévère pour leur conférer le pouvoir de voter, et aucune justification ne devra être oubliée pour qu'ils puissent figurer sur la liste électorale (1).

Ce vice d'organisation commença à disparaître en 1829 avec le fonctionnement du Jury. Parallèlement à la liste des jurés, une liste des électeurs devait être dressée à

1. P. L. Courrier quoique propriétaire et payant 3.000 francs d'impôts, n'avait pas été inscrit sur la liste électorale, parce qu'il était regardé comme résident hors du département. En 1820, il demanda son inscription au conseil de préfecture. Le préfet d'Indre-et-Loire exigea la preuve qu'il n'avait pas voté ailleurs depuis quatre ans, alors même qu'il n'avait pas changé de domicile réel, V. Paul-Louis Courrier électeur et candidat. *Revue politique et parlementaire*, 1898, t. XV.

date fixe ; l'idée de la permanence commençait à se faire jour malgré l'opposition des ultras qui craignaient de voir le corps électoral se former en corporation pour devenir un syndicat dangereux. Néanmoins le principe de la permanence proclamé par la loi du 2 juillet 1828 (2) devient définitif avec la loi de 1831.

§. 2. — Mœurs électorales, candidature officielle.

La candidature proprement dite, directe et publique, soutenue par la presse, n'apparaît qu'à partir de 1824. « En France on se borne à intriguer en secret ou en confidence ».

Cependant dès 1817, le parti libéral était organisé en vue des élections : le comité-directeur à la tête duquel se trouvaient Laffite, Manuel, Benjamin Constant et La Fayette, centralisait tous les renseignements, choisissait des candidats à opposer aux royalistes.

Cette discipline du parti assura ses premières victoires aux renouvellements partiels de la Chambre de 1817 à 1280. Mais les mœurs électorales étaient telles qu'en 1818, le conservateur dénonçait « l'*effronterie démagogique* avec laquelle, à la dernière élection de Paris, *un candidat s'est prostitué aux suffrages d'une certaine partie des électeurs* (2) ». En 1824 et surtout en 1827, au moment des élections générales, les assemblées pré-

1. « Les listes faites en vertu de la loi de 1827 sont permanentes ».

2. Cité Weil, *op. cit.*

paratoires prirent une certaine extension. En outre, la Société secrète « Aide-toi, le ciel d'aidera », forma dans toute la France des comités électoraux. En 1828 on pouvait entendre aux Champs-Elysées une profession de foi en plein air rappelant les « hustings » anglais.

Les rapports entre candidats et électeurs n'étaient pas aussi directs et immédiats que de nos jours, et c'est surtout l'administration qui intervenait entre eux de différentes manières.

A l'exemple de l'Empire, la loi de 1817 avait réservé au roi la nomination des présidents des collèges électoraux, et cette disposition avait été vivement critiquée dès le premier moment (1). Les prétendants à la députation eux-mêmes étaient en général choisis pour exercer cette fonction, et une instruction du ministre de l'Intérieur de 1822 recommande aux préfets de se conformer à cet usage dans les cas où ils croiront « que leur nomination à la présidence, accueillie favorablement par les électeurs, ajoutera aux moyens de succès, et d'agir différemment là où ils redoutent un effet contraire ». En un mot toutes les dispositions à prendre à cet égard doivent être « subordonnées aux chances électorales ». Ainsi en 1818

1. M. Fiévée lors de la discussion de la loi avait même cherché à combattre le projet du gouvernement, à cause de ce seul article et il avait proposé à sa place les trois articles suivants : « Art. 1, Conformément à la Constitution, le roi nomme les présidents des collèges électoraux. 2 Chaque président de collège électoral nomme le bureaux. 3 Ce bureau nomme les députés. 4 Les électeurs sont témoins ». Ce n'était là évidemment qu'un bon mot, mais il montre bien que la disposition n'avait pas passé inaperçue.

sur 86 présidents de collèges, 46 avaient été élus députés.

Rien n'empêchait d'ailleurs de conférer la présidence à une personne ne faisant pas partie du collège : c'était un moyen d'assurer une voix supplémentaire au parti qui détenait le pouvoir. Avec un système où le nombre de votants était si restreint, où toutes leurs opinions politiques étaient connues, pareille mesure avait son importance.

Dans la lutte électorale elle-même, le gouvernement prenait ouvertement parti et exerçait sur les fonctionnaires et sur les électeurs, une pression qui nous paraît aujourd'hui scandaleuse, mais qui devait beaucoup moins choquer l'opinion de l'époque habituée à considérer l'électeur comme un véritable fonctionnaire plutôt que comme un représentant autorisé des sentiments de tous. Chaque ministre avait soin d'agir directement sur ses subordonnés en leur recommandant les candidatures favorables au gouvernement. M. de Villèle, ministre des finances, ordonnait en 1822 à ses agents de seconder les efforts du pouvoir central : « Ceux qui dépendent de mon ministère, disait-il, doivent pour conserver la confiance du gouvernement, contribuer dans la limite de leur droit, au choix de députés sincèrement attachés à la Monarchie légitime et aux institutions que la sagesse du roi nous a données. J'attends de vous cette nouvelle preuve de votre dévouement, et je vous invite à la réclamer en mon nom de tous vos subordonnés ». En 1824 M. de Peyronnet, garde des sceaux, adressait aux procureurs généraux, le 20 janvier 1824, une circulaire célèbre, où il affirmait le droit absolu du pouvoir central de dicter les votes des fonctionnaires. « Le gouvernement ne confère les emplois publics qu'afin qu'on le serve et qu'on le seconde.

Si le fonctionnaire refuse au gouvernement les services qu'il attend de lui, il trahit sa foi et rompt volontairement le pacte dont l'emploi qu'il exerce a été l'objet ou la condition... C'est la plus certaine et la plus irrévocable des abdications. Le gouvernement ne doit rien à celui qui ne lui rend pas ce qu'il lui doit ». Enfin le baron de Damas, ministre de la guerre, était encore plus explicite et sa circulaire à ses subordonnés leur dictait la conduite à suivre dans les élections, sous la menace d'une destitution : « Je vous prie, disait-il, si votre intention est, comme j'ai tout lieu de le croire, de vous rallier à ceux qui voteront pour les honorables candidats présentés par le gouvernement, de me mander que vous en prenez l'engagement. Je ne vous dissimulerai pas que tout autre vote, même en faveur d'un candidat connu par son attachement au gouvernement du roi, ne pourrait être considéré que comme hostile » (1).

Aussi les fonctionnaires de tous ordres se mettaient-ils en campagne pour assurer par tous les moyens la victoire

1. Cité par Weil, pp. 115-116. Une circulaire du ministre de l'Intérieur aux préfets en 1822 contenait les mêmes injonctions : « Je me persuade, était-il écrit, que les fonctionnaires publics, que les agents salariés des diverses administrations s'empresseront de vous seconder. Vous devez leur en faire la demande et si quelques-uns s'y refusaient ou vous donnaient des motifs de ne pas croire à leur sincérité, votre devoir serait de me les signaler ». *Revue politique*, p. 509.

électorale du cabinet. Les préfets recevaient à cet égard les injonctions les plus catégoriques : « Les intentions du gouvernement vous sont connues..., leur disait une instruction ministérielle du 17 février 1822. Dans la résolution où il est, vous sentirez qu'il est indispensable que tous ses agents répondent à ses vues, entrent dans ses desseins, les servent ouvertement et qu'il ne pourrait se fier à ceux qui ne s'y montreraient pas irrévocablement liés.... Vous sentirez probablement le besoin de faire une tournée dans vos divers arrondissements afin de tout voir, de tout préparer par vous-mêmes et de donner aux sous-préfets l'impulsion nécessaire ». La magistrature se met aussi à l'entière disposition de l'administration et du gouvernement. Le premier président de la Cour royale d'Orléans donne le mot d'ordre à ses subordonnés, car l'indifférence n'est point de mise et au contraire « les magistrats doivent user *sans réserve comme sans scrupule* de leur ascendant pour faire échouer ces projets criminels (ceux de l'opposition). Ils éviteront seulement d'employer la crainte et les menaces ».

La consigne ainsi donnée à tous les degrés de la hiérarchie administrative, il ne reste qu'à agir sur les électeurs eux-mêmes et chacun s'y emploie d'autant plus facilement que toutes les opérations préliminaires, inscriptions électorales, nominations des présidents de collèges, ont singulièrement simplifié la besogne. Les dispositions sont si bien prises qu'en général l'élection elle-même n'est qu'une formalité. « Le préfet est le grand metteur en scène en matière d'élection. Invisible et présent, il prépare, ordonne et combine tout avant la représentation publique, qui doit marcher sans encombre au dénouement prévu. Le président du collège, acteur en évidence, est choisi et stylé par lui, les électeurs influents viennent apprendre et répéter leur rôle à la préfecture ; les autres, moutons de Panurge, dociles comparses, reçoivent le mot d'ordre et suivent les coryphées » (1). C'est en effet le préfet qui choisit le candidat du gouvernement et le président du collège électoral, dont la mission avouée est de faire triompher la politique du Cabinet au pouvoir, est un auxiliaire précieux. On ne ménage pas la dépense lorsqu'il s'agit de s'assurer des voix.

Tandis que tel sous-préfet reçoit de son préfet des félicitations et des offres de fonds « pour offrir des logements et faire les honneurs de la ville aux *électeurs sur lesquels on peut compter* », le préfet lui-même « homme avisé, n'oublie pas d'assurer bonne chère aux électeurs bien pensants ». En général, c'est dans les dîners de la préfecture que se traitent toutes les questions relatives aux élections. Pendant que le commandant de gendarmerie est chargé de surveiller les menées de l'opposition et de déjouer ses manœuvres par tous les moyens, chaque votant est invité par le préfet à bien voter, à nommer des hommes qui seront les dignes et estimables organes des véritables besoins de la France, de son amour pour les Bourbons, comme les garants de sa fidélité ».

La cause de tels abus résidait beaucoup moins dans des prescriptions de détail que dans l'organisation intime des collèges électoraux. Le petit nombre des électeurs et

1. P. Louis Courrier. *Electeur et candidat*, p. 501.

le régime censitaire qui faisait d'eux un corps constitué donnaient prise aux manœuvres de l'administration. La conception de l'électorat-fonction contribuait en outre à justifier une ingérence aussi large. Mais, si ces procédés artificiels conduisaient au but immédiat, les élections risquaient de n'être plus sincères et de ne pas traduire l'opinion générale du pays.

§ 3. — Rapports du gouvernement avec les députés.

Les députés élus, grâce à la pression officielle, ne pouvaient conserver la liberté d'allure nécessaire à l'exécution d'un mandat et ils devaient nécessairement rester dociles aux ordres du gouvernement en reconnaissance du service qu'ils avaient reçu de lui. Deux circonstances venaient encore resserrer ce lien de dépendance : Bon nombre de députés étaient choisis parmi les fonctionnaires. Déjà sous l'Empire les fonctionnaires avaient entrée au Corps législatif et au Sénat. Les corps électoraux de la Restauration étaient favorables à ce recrutement ; la bourgeoisie aisée avait intérêt à prendre les députés dans ses propres rangs. Il en résulte qu'en 1828, on compte 130 fonctionnaires à la Chambre basse, et après 1830, le chiffre reste aussi élevé.

En 1816 une proposition d'exclusion de certains fonctionnaires fut repoussée. La presse indépendante s'empara de ce fait en 1826 et la Chambre des députés fit un procès au *Journal du Commerce* qui avait flagellé les députés-fonctionnaires. Royer-Collard monta à la tribune, et, dans un de ses plus éloquents discours, demanda la diminution du nombre des fonctionnaires au Parlement. Cependant, jusqu'en 1830, aucune incompatibilité ne fut prononcée.

En outre, rien n'empêchait les députés d'accepter des fonctions publiques, et cette faculté fut largement exercée. D'après une statistique dressée par le duc de Broglie, sur les 1400 députés qui occupèrent les bancs de la Chambre de 1814 à 1828, 1200 avaient obtenu des places du gouvernement. Il est vrai que beaucoup de celles-ci, comme la nomination aux conseils généraux et aux conseils d'arrondissement, étaient purement gratuites. Cependant les fonctions rétribuées tenaient encore une assez large place pour impressionner l'opinion.

Dès 1817, M. de Villèle se fit l'écho du mécontentement général en signalant comme un mal, le grand nombre des députés qui acceptaient des fonctions pendant l'exercice de leur mandat. Les plaintes à ce sujet se multiplièrent, et en 1828 un effort sérieux fut tenté pour rompre avec ce système. M. de Colmie demanda que le gouvernement déposât une proposition tendante à interdire aux députés qui accepteraient une fonction publique, le droit de siéger, à moins de se faire réélire. Elle réussit à la chambre basse malgré une vive résistance de la droite. Tout député nommé fonctionnaire devrait être considéré comme ayant donné sa démission, sauf pour les chefs de l'armée. Pour éviter les conséquences de la prévention dont il pourrait être victime de la part de ses électeurs, s'il était tenu de se représenter aussitôt devant eux, la réélection serait ajournée à la fin de la session. Mais cette proposition révolta le royalisme des Pairs, elle leur sembla contraire à la prérogative royale. Le roi ne conservait plus son indépendance pour nommer aux emplois publics et ses droits constitutionnels se trouveraient gravement atteints. Or, le député est non le mandataire d'une circonscription, mais le représentant du pays tout entier, et à ce titre, rien ne s'oppose à ce qu'il occupe un emploi dans l'intérêt de tous. Aussi le système de réélection obligatoire fut-il repoussé.

Au fond, toutes ces objections étaient peu convaincantes, et la vérité est que le gouvernement de la Restauration tenait à avoir une Chambre dans une dépendance aussi étroite que possible. Aussi la critique de Casimir Périer contre tout le système électoral était-elle juste, lorsqu'il protestait contre une organisation qui tendait à détruire les droits et la liberté des électeurs : « Avec des fonctionnaires, disait-il, le ministère fait des électeurs ; avec des électeurs et des fonctionnaires, il fait des députés ; avec des députés en grande partie fonctionnaires, il fait des lois ; avec des lois ainsi faites, et à l'aide de distinctions de mots sur les articles de notre pacte fondamental, il renverse ce pacte de fond en comble ».

CHAPITRE IV

Monarchie de Juillet : la loi du 19 avril 1831 (1).

La Révolution de Juillet fait époque dans les annales politiques de la France. Alors qu'en 1814, la Monarchie se réclame uniquement des principes du droit divin, en 1830, elle reçoit l'investiture du peuple. La Charte du 14 août 1830 n'est plus « octroyée » par la volonté souveraine du roi, mais seulement « consentie » par lui, elle forme une sorte de contrat synallagmatique qui l'unit à la nation. En conséquence, Louis Philippe prend le titre de roi des Français par la grâce de Dieu et la volonté nationale ». En outre, le pouvoir réglementaire au caractère ambigu que la Charte de 1814 accordait au roi, se trouve supprimé et le pouvoir législatif avec le droit d'initiative parlementaire est accordé aux deux Chambres concurremment avec le roi.

En ce qui concerne le droit électoral la nouvelle Charte laisse au législateur le soin de déterminer le cens électoral et le cens d'éligibilité. Le parti des ultras avait donc

1. V. Miginiac. *Le régime censitaire en France spécialement sous la Monarchie de Juillet*. Thèse pour le doctorat. Paris 1900.

définitivement échoué dans sa tentative de restauration de l'ancien régime et dans le duel entre le droit divin et la souveraineté nationale qui s'était poursuivi de 1815 à 1830, celle-ci restait maîtresse du terrain. Logiquement la suppression du régime censitaire aurait dû en résulter, mais la Révolution de Juillet était beaucoup plus le triomphe de la bourgeoisie libérale que de la nation entière et le cens était pour elle le moyen de conserver la prépondérance politique. A l'influence des grands propriétaires établie par la loi du double vote allait se substituer à partir de 1831 celle de la classe moyenne, sur les mêmes bases que la loi de 1817.

§ 1. — Travaux préparatoires de la loi de 1831.

1° *Projet du gouvernement.*

Un projet de loi électorale fut déposé par le comte de Montalivet, ministre de l'Intérieur, le 30 décembre 1830. Il se caractérisait par deux traits principaux. Tout d'abord le cens variable de la loi de 1820 était conservé avec augmentation du nombre des électeurs : « Sont appelés à exercer les droits électoraux, tous les citoyens les plus imposés de chaque arrondissement jusqu'à concurrence du double du nombre des électeurs inscrits sur les listes closes le 16 novembre 1830 ». Puis à côté du cens électoral proprement dit, le projet faisait une place à la capacité présumée résultant de l'exercice de certaines fonctions, de professions libérales ou de l'accomplissement d'un acte « qui constate des études sérieuses et approfondies ». Ce nouveau principe essentiellement libéral pouvait, par suite d'une sage extension, conduire peu à peu au suffrage universel : c'était l'adjonction des capacités. Le nombre des électeurs eût ainsi dépassé 200.000. Quant au cens d'éligibilité, il était fixé à 500 francs, ce qui maintenait la précédente proportion du cinquième au sixième des éligibles relativement au chiffre des électeurs.

2° *Rapports et débats parlementaires.*

M. Bérenger fut nommé rapporteur par la commission de la Chambre des députés. Le principe du cens variable suivant les départements par l'établissement d'un nombre fixe d'électeurs fut écarté par la commission qui manifesta sa préférence pour un cens fixe et invariable. Ce dernier avait, à son avis, l'avantage de rendre beaucoup moins précaire le droit électoral, sa suppression n'ayant lieu que lorsque l'électeur cesse de payer l'impôt.

La quotité d'impôt à exiger des électeurs fut fixée à 240 francs, le chiffre de 200 francs proposé tout d'abord ayant paru trop faible ; « les collèges de la Charte ayant été reconnus éminemment bons », il convenait de ne pas les élargir trop brusquement. Le danger des assemblées nombreuses si souvent agité pendant la Restauration fut encore invoqué comme un obstacle à l'extension du suffrage.

Quant à l'éligibilité, la commission, pour s'opposer à « l'envahissement des idées démocratiques », n'avait consenti l'abaissement du cens que jusqu'à concurrence de

750 francs. Elle ne voulait permettre l'entrée de la Chambre qu'à des hommes « auxquels leur position de fortune a donné assez de loisir et d'indépendance pour leur permettre de diriger leurs études et leurs réflexions vers les affaires publiques ».

Le principe du cens était généralement admis et les débats furent restreints à la question de quotité. Il s'agit surtout de choisir entre le cens de 240 francs proposé par la commission et celui de 200 francs repris sous forme d'amendement par M. de Sade. Seuls Berryer et La Fayette protestèrent contre toute restriction censitaire. Celui-ci revendiquait énergiquement le suffrage universel et n'admettait au droit électoral « d'autre exception que l'incapacité d'exercer ce droit ». Quant au premier, il qualifiait d'« injustice monstrueuse » la différence établie « entre l'homme qui paie 200 francs d'impôts et celui qui ne paie que 199 fr. 95 », et il demandait le rétablissement des assemblées primaires composées de tous les Français inscrits aux rôles des contributions.

A la Chambre des Pairs, la commission examina le projet d'après un point de vue qui avait été souvent envisagé pendant la Révolution, celui de la répercussion des lois de finances et d'impôts sur un régime censitaire électoral. Pour en éviter les inconvénients, il eût fallu établir un cens mobile, se modifiant parallèlement à l'assiette des contributions. Mais une pareille combinaison était irréalisable par suite de la coexistence de cinq contributions directes, ayant une assiette différente.

En définitive, la commission proposa le chiffre de 150 francs d'impôt en principal parce que le revenu était la vraie mesure de la capacité électorale et des lumières. Cet amendement fut adopté par les Pairs, malgré l'opposition de la droite qui préférait le suffrage indirect reposant sur des assises très larges, car, disait-elle, « une loi électorale doit être aujourd'hui indispensablement et forcément démocratique ».

La loi ainsi modifiée revint le 6 avril devant la Chambre des députés qui repoussa la fixation du cens en principal. M. Salverte fit observer que, « en même temps que les lumières », l'intérêt de la chose publique doit être la condition d'exercice du droit de vote. Or, « cet intérêt n'est pas proportionné au revenu, mais à la part de revenu que l'on est obligé de consacrer à la chose publique ». Puis, reprenant le thème développé précédemment par Berryer et La Fayette, il proposa un amendement aux termes duquel. « Tout Français âgé de trente ans et jouissant des droits civiques est éligible ». Il disait que le cens d'éligibilité n'avait pas de raison d'être puisque les collèges électoraux ne nommaient en général que des députés pris dans leur sein. Odilon Barrot se prononça en faveur de cette disposition, et La Fayette invoqua à son appui l'exemple des Etats-Unis où, bien qu'il n'y eût aucune espèce de cens, les élections se poursuivaient depuis 50 ans « sans inconvénient et sans trouble ».

L'amendement Salverte fut repoussé à une forte majorité et celui de la commission, soutenue par M. Cunin-Gridaine d'après cette considération que « mieux vaut laisser en dehors (de la Chambre) quelques éléments utiles que d'en appeler de dangereux », fut également rejeté et le projet du gouvernemeut fixant à 500 francs le cens d'éligibilité fut adopté.

La loi revient le 15 avril devant la Chambre des Pairs qui la vota sans débats.

§ 2. — Dispositions de la loi de 1831.

La loi de 1831 revient en principe de l'élection directe déjà admis par la loi de 1817 et le consacre à titre définitif dans notre législation : une seule tentative fut faite en 1874 pour rétablir le vote à plusieurs degrés. Les députés sont nommés au scrutin uninominal par les collèges d'arrondissement.

Sont électeurs tous les Français jouissant des droits civils et politiques, âgés de 25 ans et payant 200 francs de contributions directes (art. 1). Des règles très libérales, reproduites à peu près textuellement de la loi de 1817, étaient admises pour le calcul de l'impôt et pour la détermination des taxes. La place faite aux patentes était en particulier très large : c'était la réponse à l'ordonnance de 1830 qui les avait supprimées du cens. En 1831 comme en 1817, elles entrent en ligne de compte et des précautions spéciales sont prises pour qu'elles ne soie pas écartées : ainsi la patente était comptée au médecin ou pharmacien qui exerçait gratuitement ses fonctions et ne payait pas l'impôt de ce chef (art. 4).

Aux termes de l'article 6, les impôts directs payés par une société de commerce, principalement les patentes, étaient « partagés par égales portions entre les associés sans autre justification qu'un certificat du président du tribunal de commerce énonçant les noms des associés ».

Ces dispositions qui peuvent paraître secondaires donnent une idée exacte du but poursuivi par le législateur. Elles tendent à assurer le triomphe de la bourgeoisie libérale, victorieuse en 1830, à imposer au pays la suprématie politique de la classe moyenne. Les commerçants figurent en grand nombre dans le parti libéral et après 1830, c'est aux hommes de la rue du Sentier qu'appartient le pouvoir.

En outre certaines personnes jouissaient de l'exemption d'une partie du cens. Les assemblées électorales des arrondissements qui n'atteignaient pas 150 membres étaient complétées par l'adjonction des contribuables les plus imposés au-dessous de 200 francs. Enfin l'article 3 déclarait électeurs, à la condition de payer seulement cent francs de contributions directes : « 1° Les membres et correspondants de l'Institut ; 2° Les officiers des armées de terre et de mer jouissant d'une pension de retraite de douze cents francs au moins, et justifiant d'un domicile réel de trois ans dans l'arrondissement électoral ». C'était le « demi-cens » établi au profit de ceux qui avaient une instruction supérieure.

Quant à l'éligibilité, elle était réglée par l'article 59 qui exigeait l'âge de trente ans et le paiement d'un cens de 500 francs. Lorsque le chiffre des éligibles n'atteignait pas 50, il était complété par les électeurs les plus imposés au-dessous de 500 francs.

Le nombre des électeurs était en 1831 d'environ 166.500. La nouvelle loi avait donc un peu élargi la base adoptée en 1817 où l'on ne comptait pas plus de 110.000

électeurs. D'ailleurs l'inégalité de leur répartition entre les collèges subsistait comme sous la Restauration : tandis que certain collège à Paris comptait plus de 3.000 électeurs, ceux d'Embrun ou de Bourganeuf n'en avaient que 150. D'où il suivait qu'un électeur d'Embrun ou de Bourganeuf « pesait vingt fois plus qu'un électeur parisien dans la balance électorale ».

Le nombre des éligibles était censé doublé par la nouvelle loi, comme il était d'environ 16.000 pendant la période précédente il devait osciller pendant la Monarchie de Juillet entre 30.000 et 40.000.

On voit combien cette proportion des éligibles et des électeurs, relativement à la population totale de la France, était faible. Cependant une sage extension des capacités avait pu parer à cet inconvenient et aboutir insensiblement au suffrage universel, si la majorité parlementaire avait fait quelques concessions et n'avait opposé une résistance obstinée aux demandes les plus modérées de réforme électorale.

§ 3. — La Réforme électorale et la Révolutian de 1848.

Après 1830 la question de la réforme électorale est intimement liée à celle de la réforme parlementaire (1).

1. De nombreuses propositions furent présentées à la Chambre de 1830 à 1848. Les principales sont : la proposition Gauguier 1831 demandant de soumettre à une retenue de moitié les traitements d'activité supérieurs à 3.000 francs, lorsque la fonction était cumulée avec le mandat législatif ; la proposition Remilly (1840) tendant à établir l'incompatibilité du mandat législatif et de la fonction, la pro-

Cette dernière souleva dans la Chambre des débats fréquents et animés sans aboutir, plus que l'autre, à une solution. La question électorale fut surtout agitée en dehors du Parlement et c'est sur l'opinion publique que les partisans peu nombreux mais résolus de l'extension du suffrage politique cherchèrent à agir.

Ledru-Rollin, dans la profession de foi qu'il adressait aux électeurs de la Sarthe en 1841, formulait le programme des revendications radicales et considérait la réforme électorale comme préambule de la réforme sociale. Il voulait que « *tout citoyen soit électeur, que le député soit l'homme de la nation, non de la fortune* ». Lamartine, quelques années plus tard, proteste avec énergie contre la loi du cens, « brutale et matérielle qui ne reconnaît le droit des citoyens qu'à un signe purement monétaire ». Cette campagne, poursuivie en faveur de l'extension du droit de vote, eut sa répercussion à la Chambre sous la forme de propositions de loi.

Propositions de loi

1° *Propositions Ducos et Crémieux*

La première manifestation de ce courant démocratique se produisit en 1842 sous la forme d'une proposition de M. Ducos, ayant pour but d'admettre au nombre des

position Pagès (1841) prononçant certaines incompatibilités, la proposition Ganneron interdisant aux députés l'exercice des fonctions salariées, enfin la proposition de Sade (1843) réclamant à nouveau les incompatibilités parlementaires.

électeurs « tous les citoyens inscrits sur la liste départementale du jury ». Son adoption par la Chambre aurait eu pour effet d'augmenter de 18.000 le chiffre des votants. Cette faible satisfaction aux vœux de l'opinion publique trouva dans le ministère une résistance irréductible et malgré l'éloquence de Lamartine la proposition fut repoussée.

En 1845 M. Crémieux la renouvela sans plus de succès.

2° *Proposition Duvergier de Hauranne.*

En 1847. M. Duvergier de Hauranne, auteur d'une brochure intitulée « *De la Réforme parlementaire et de la Réforme électorale* », demandait à la Chambre d'admettre et l'adjonction des capacités, et l'abaissement du cens électoral à 100 francs d'impôt en principal avec l'augmentation du nombre des députés. Le vote de ces dispositions aurait eu pour résultat de doubler le nombre des électeurs et de le porter à près de 500.000.

Dans un discours magistral, il formulait ses griefs contre la loi de 1831 qui ne donnait pas l'image fidèle, l'expression exacte des opinions et des intérêts du pays. Si le cens électoral est une sauvegarde contre la corruption à prix d'argent, elle n'offre aucune garantie contre cette autre forme « plus délicate et plus polie » de la corruption qui résulte de l'octroi des fonctions publiques.

Il eût fallu soit établir le double degré d'élection qui empêche la permanence du corps électoral, soit adopter le vote au chef-lieu. Il se défendait d'ailleurs de vouloir instituer le suffrage universel, mais il était sage de ne pas se renfermer dans un statu quo absolu : « Le moyen d'éviter les réformes radicales, disait-il avec beaucoup de justesse, c'est d'accueillir en temps utile les réformes modérées ».

Les débats se prolongèrent pendant plusieurs jours. Partisans et adversaires de la réforme proposée soutinrent avec force leurs opinions respectives. Le parti légitimiste et la gauche ne ménagèrent pas leurs attaques au régime censitaire dont M. Guizot se fit le défenseur. « S'il pouvait parler, s'écriait ce dernier, notre système électoral aurait grand droit de nous accuser d'ingratitude », car il « est aussi bon, aussi légitime en principe qu'il a été en pratique utile et efficace ». Il ajoutait « il n'y a pas de jour pour le suffrage universel », parole devenue fameuse par le démenti éclatant que les faits allaient lui donner.

La prise en considération de la proposition Duvergier de Hauranne fut rejetée par la Chambre à une majorité de 98 voix.

L'insuccès des propositions de réformes parlementaires et électorales causait une vive agitation en dehors des Chambres, car la question avait été soumise au tribunal de l'opinion par la publication de la brochure de M. Duvergier de Hauranne.

Les chefs de l'opposition résolurent de provoquer « la pression du dehors », destinée à montrer au gouvernement que ses tendances conservatrices à l'excès, étaient contraires à l'opinion moyenne du pays. Ce fut l'objet de « la campagne des banquets ».

Ces banquets politiques, qui avaient au début un caractère modéré et dont le ministère ne s'était pas alarmé, finirent par devenir une menace sérieuse contre la Monarchie elle-même. Un discours de Ledru-Rollin prononcé à Châlon-sur-Saône glorifiait la Révolution française. Le ministère s'émut et le discours du Trône du 28 décembre 1847 reflète cette inquiétude du gouvernement. L'interdiction du banquet du XIIe arrondissement provoqua à Paris des manifestations qui amenèrent la fusillade du boulevard des Capucines et la Révolution du 24 février. Un décret du gouvernement provisoire établit en France le suffrage universel direct, et porta d'un seul coup le nombre des électeurs de deux cent quarante mille à plus de huit millions.

CONCLUSION

I. — Le Cens aristocratique.

Le principe de la souveraineté nationale proclamé par la Révolution de 1789 et aboutissant logiquement au suffrage universel, pour être juste en lui-même, était prématuré dans son application : l'éducation politique de la nation était encore à faire et il était fatal que dans ces conditions les libertés publiques fussent confisquées au profit d'une faction, pour être bientôt totalement supprimées au profit d'un homme.

La Restauration n'avait donc pas manqué de sagesse en se proposant de réserver à une élite l'exercice du pouvoir électoral et en répudiant dès l'abord l'omnipotence populaire. Grâce à elle les institutions parlementaires qui n'avaient pu fonctionner d'une façon normale pendant la période précédente, exerçant tantôt une tyrannie abusive sur l'administration et tantôt courbées sous le joug d'un pouvoir exécutif tout-puissant, ont pris définitivement racine en France et ce n'est pas sans raison qu'on a appelé le règne de Louis XVIII « l'âge héroïque du régime parlementaire en France (1) ». La loi électorale de 1817 ins-

1. Thureau-Dangin. *Royalistes et républicains*, p. 149.

pirée de la Charte avait reçu l'adhésion générale du pays et la prospérité qui succédait aux guerres de l'Empire prouvait assez que la Monarchie pouvait se maintenir chez nous, si elle gouvernait avec l'appui de l'opinion publique. La maladroite réaction opérée par la loi du double vote n'avait servi qu'à asseoir plus solidement le principe de l'harmonie nécessaire entre la conduite politique de la royauté et les aspirations du pays. Le cens électoral offrait une garantie contre l'inexpérience de la masse du peuple. La classe moyenne obtenait en 1831 la prépondérance dans le gouvernement de l'Etat ; mais si, en opposant sous la Restauration aux royalistes exaltés une résistance victorieuse, elle avait pu se considérer comme l'interprète fidèle des vœux de la nation troublée par la menace d'une aristocratie, elle avait elle-même méconnu la loi du progrès en refusant toute satisfaction aux propositions de réforme électorale les plus modestes. Un abaissement même très-restreint du cens aurait empêché la rupture d'équilibre entre l'évolution économique et l'évolution politique. Ainsi après avoir brisé les privilèges renaissants, la bourgeoisie de 1830 s'était érigée en aristocratie, elle avait perdu son titre de classe moyenne reflétant les tendances de l'opinion publique.

La réponse avait été la Révolution de 1848 qui appelait brusquement la nation entière à l'exercice du droit de vote. Comme en 1789 le peuple n'était point préparé à la jouissance d'une prérogative dont dépendent les destinées des Etats.

La réaction était trop brusque et cependant les idées démocratiques étaient, cette fois, trop profondément empreintes dans les esprits pour qu'il fût possible de faire un retour en arrière : la tentative poursuivie par la loi de 1850 n'a eu pour résultat que de faciliter l'avènement du Second Empire.

En matière électorale, et par voie de conséquence dans toute notre histoire politique, nous avons procédé par de brusques à-coups, d'après des théories absolues. Que n'avons-nous, sur ce point, suivi l'exemple si sage de l'Angleterre qui, dans le cours de ce siècle, a su accomplir dans les élections des réformes prudentes et, persévérant dans la voie du progrès, dont les années 1832, 1867 et 1884 marquent les étapes successives, porter le chiffre des électeurs de moins de un million à plus de six millions !

Mais si la Révolution de 1848 a été une faute, si elle a fait naître dans notre organisme politique un malaise dont nous souffrons encore, il ne s'ensuit pas que le régime censitaire ne mérite que des éloges. Tous les arguments invoqués en faveur d'une prépondérance accordée à la richesse se réduisent à deux : la fortune est un signe « d'esprit conservateur » et une présomption de « capacité ».

L'esprit conservateur peut devenir facilement le refus de tout progrès réfléchi ; ainsi le comprenaient les ultras de 1815. Mais sans le prendre dans un sens défavorable et en le regardant comme un attachement sincère aux institutions générales d'un pays, le cens de la Restauration, pas plus que celui de la Monarchie de Juillet ne remplissait pleinement son but, car la classe la plus directement intéressée à la prospérité générale était celle des petits propriétaires qui, payant moins de 300 francs d'impôts, étaient exclus des assemblées d'électeurs.

La présomption de capacité, argument décisif des partisans du cens, était en fait souvent mise en défaut. Il suffit de rappeler à cet égard que lors de la discussion de la Charte de 1814, un des vice-présidents du Sénat, M. Faulcon combattait le cens d'éligibilité de 1000 francs, en faisant remarquer qu'une condition aussi rigoureuse aurait pour effet de l'exclure lui-même de la Chambre des Députés. On a souvent cité aussi ce fait typique d'un concierge d'une faculté qui était électeur, alors que plusieurs des professeurs n'avaient pas le droit de voter. Et Stuart Mill considère comme « totalement inadmissible que la supériorité d'influence soit donnée d'après la richesse. Je ne nie pas, dit-il, que la richesse ne soit une espèce de témoignage ».

Dans la plupart des pays, l'éducation, quoiqu'elle ne soit nullement proportionnée aux richesses, est ordinairement meilleure chez la portion la plus riche que chez la portion la plus pauvre ; mais le critérium est si imparfait, le hasard fait tellement plus que le mérite pour élever les hommes dans le monde, et il est si impossible à une personne qui a acquis un degré quelconque d'instruction de s'assurer un degré d'élévation analogue sur l'échelle sociale, que cette base du privilège électoral a toujours été, et sera toujours odieuse au suprême degré » (1).

Le principe du cens ne pouvait se justifier théorique-

1. Stuart Mill. *Du gouvernement représentatif* (p. 199).

ment, mais en outre son application laissait apparaître un vice capital : il substituait à l'aristocratie de l'ancien Régime une nouvelle classe privilégiée. La presque totalité de la nation se sentait gouvernée par une oligarchie et par suite, la loi ne pouvait qu'y perdre de son autorité dans un pays comme la France où « l'amour de l'égalité est une passion nationale. » D'autre part, il est dans la nature même de l'humanité qu'une classe au pouvoir n'ait pas une force d'abnégation suffisante, pour sacrifier ses intérêts particuliers aux intérêts généraux de la collectivité, s'il y a contradiction entre eux. Comme l'a dit encore Stuart Mill : « Dans une nation adulte et civilisée, il ne devrait pas y avoir de parias, pas d'hommes frappés d'incapacité, si ce n'est pas leur propre faute. Tout homme est dégradé, qu'il le sache ou non, lorsque d'autres sans le consulter s'emparent d'un pouvoir illimité sur sa propre destinée (1).

II. — Le Cens démocratique.

Le cens électoral en tant qu'institution aristocratique est condamné depuis un demi-siècle chez nous, et il tend à disparaître des autres pays. En effet les progrès de la Démocratie sont « le fait le plus ancien et le plus permanent qu'on connaisse dans l'histoire ».

La cause économique de cette victoire populaire a été, aux temps modernes, le progrès de la science appliquée à l'industrie. L'imprimerie, par la voie du livre et du journal, a puissamment contribué à produire cette révo-

1. Stuart Mill., *op. cit.*, p. 198.

lution sociale. L'égalisation progressive, le nivellement continu de la société qui en est résulté empêcherait toute velléité de ressusciter en France une institution si contraire aux tendances des Etats.

Il est permis toutefois de se demander s'il ne serait pas raisonnable de conserver le régime censitaire tel que l'avait compris la Révolution, sur une base assez large pour ne pas faire redouter l'éclosion d'une nouvelle aristocratie, tout en refusant les droits politiques aux indigents et aux besogneux. Stuart Mill a encore envisagé cette question et a conclu qu' « il est important que l'Assemblée qui vote les impôts généraux ou locaux soit élue exclusivement par ceux qui paient une partie de ces impôts.

Ceux qui ne paient pas d'impôt, disposant par leurs votes de l'argent d'autrui, ont toutes les raisons imaginables pour être prodigues, et aucunes pour être économes... Mais pour concilier ceci avec l'universalité des suffrages, il est désirable que l'impôt descende jusqu'aux classes les plus pauvres » (1), et pour éviter toute fraude il conseille d'exiger du postulant qui, après avoir été assisté par la paroisse, serait redevenu contribuable et demanderait son inscription sur la liste électorale, un stage de plusieurs années avant qu'il soit fait droit à sa demande.

Or, considérer comme seuls contribuables les seuls individus soumis aux impôts directs aboutit à une injustice, car les impôts indirects sont perçus sur tous les habitants sans distinction des fortunes. Bien plus, le pauvre

1. Stuart Mill, *op. cit.*, p. 200.

est de ce chef plus obéré que le riche, car la taxe indirecte n'est pas proportionnelle comme l'impôt qui frappe directement la personne. Néammoins les défenseurs de ce système répondent, non sans raison, que les impôts directs sont mieux sentis que les taxes de consommation, souvent payées à l'insu même du contribuable et que, par suite, ils font éprouver plus vivement à l'électeur le contre-coup de ses actes.

Les partisans du cens démocratique ajoutent que le pauvre n'a pas l'esprit conservateur. N'ayant à supporter aucune charge, il n'a rien à redouter de les voir augmenter, et les bouleversements sociaux les plus funestes à un pays ne pourraient que lui être profitables. Cette assertion est inexacte surtout à une époque où précisément la capacité intellectuelle est souvent hors de proportion avec le degré de richesses. A Paris, tous les individus dont le loyer n'atteint pas 500 francs sont exemptés de la contribution personnelle mobilière, prétendra-t-on cependant que toute la bourgeoisie laborieuse qui jouit de ce régime de faveur se désintéresse de la prospérité de l'Etat?

Mais au-dessous de cette classe besogneuse exempte d'impôt se placent les assistés proprement dits qui reçoivent soit à domicile, soit dans des hôpitaux des secours directs de l'Etat, des départements ou des communes. Faut-il accorder à ces derniers le droit de vote comme aux autres citoyens? Stuart Mill s'y refuse, nous l'avons vu et il est bien à craindre que l'indépendance de tels électeurs soit suspecte. N'y-a-t-il pas quelque chose d'excessif à ce que l'individu qui ne peut administrer son petit patrimoine soit appelé à la question des affaires publiques?

Mais les solutions pratiques proposées diffèrent tellement entre elles que cette théorie dont le point de départ est assez vague aboutit aux systèmes les plus arbitraires. Logiquement l'exclusion totale des assistés des droits politiques devrait être prononcée : personne n'ose aller jusque-là. Tandis que les uns proposent d'exclure seulement les indigents permanents et encore parmi ceux-là seulement les indigents fautifs, d'autres admettentle relèvement de déchéance pour ceux-ci sans conditions, pour ceux-là moyennant le remboursement à la société des secours fournis ; ce dernier système est pratiqué en Suisse et en Allemagne.

On ne saurait nier qu'il y a sous ce rapport un véritable danger auquel il est très difficile sinon impossible de parer. Chez nous l'assistance entraîne incapacité au point de vue de l'éligibilité au conseil municipal (Loi du 5 avril 1884 art.32 1°).

L'instruction primaire étant devenue obligatoire en France depuis 1881 il a été souvent question d'en faire une condition insdispensable de l'exercice du droit électoral, ce serait au moins en partie atteindre directement le but que poursuivait le système censitaire La constitution de l'an III et l'Italie contemporaine ont frappé les illettrés de déchéance. Mais les inconvénients pratiques ne font pas défaut : « le remaniement des listes » offre souvent en Italie « une large zône où s'exerce l'arbitraire administratif » (1). Si l'instruction des électeurs paraît

1. *Journal des Débats* du 16 juin 1900.

une chose très désirable, il semble bien difficile d'en faire une condition essentielle de l'exercice de leurs droits. Aujourd'hui l'idée du droit absolu des citoyens de participer à la représentation nationale paraît tellement ancrée dans les esprits qu'il est presque impossible d'y porter atteinte même indirectement ; l'électorat est devenu aussi inviolable que le droit de propriété. Quelque amélioration qu'on suppose, soit dans l'état social, soit dans la régime législatif, il est évident que le suffrage universel ne deviendra pas infaillible.Cela n'empêche pas qu'il soit la base régulière des institutions politiques, parce qu'il en est le fondement le plus raisonnable et le plus conforme aux idées modernes (1) ». Le suffrage universel a ses défauts et de nos jours il est sans cesse question de réformer notre droit électoral.

Cependant nous croyons qu'il est devenu intangible parce que cette question se rapproche davantage du domaine de la morale que de la science juridique elle-même que la réglementation, si minutieuse qu'on l'imagine, n'atteindrait pas son but, et nous sommes convaincu que, seule, l'éducation politique de la nation poura remédier aux inconvénients du suffrage universel.

1. Hérold. *Le droit électoral devant la Cour de Cassation.*

Vu par le Président de la thèse
CHAVEGRIN

Vu : le Doyen
GLASSON

Vu et permis d'imprimer :
le Vice-Recteur de l'Académie de Paris
GRÉARD

TABLE DES MATIÈRES

DEUXIÈME PARTIE. — La Restauration et la Monarchie de Juillet. Cens aristocratique.

Imprimerie des Écoles, L. Boyer, 15, rue Racine, Paris

www.ingramcontent.com/pod-product-compliance
Ingram Content Group UK Ltd.
Pitfield, Milton Keynes, MK11 3LW, UK
UKHW020149200726
13856UKWH00003B/913

9 782013 361668